Annette Kamping
Colours

Annette Kamping
Colours
Farbakzente mit Blumen

Fotografie: Bart Van Leuven

Vorwort

FARBE - für mich eines der aussagekräftigsten, emotionalsten und stimmungsvollsten „Elemente", wenn es gilt, das Umfeld individuell zu gestalten.
Seit meiner frühesten Kindheit haben mich Farben in der Natur und in meiner Umgebung geprägt: Ich denke an die großen grünlich-weißen Hortensien hinter meinem Elternhaus. Ich denke an den Garten, der wie ein reiner Farbrausch für mich war. So ist es im Umgang mit Blumen für mich wichtig, Farbszenerien zu schaffen, die Vitalität und Charakter ausstrahlen.
Eine konkrete Farbauswahl erfolgt zunächst nicht rational, aufgrund verschiedener Gestaltungsgrundsätze, sondern aus einem innersten Gefühl, einem Impuls, aus Erfahrung, Empfinden und jahrelanger, intensiver Beschäftigung mit dem Faszinosum Farbe. Zum Schluss ist die Zusammenstellung dann doch wieder definierbar, fassbar und erklärbar. Auch wenn es oft ein innerer Drang ist, verschiedenste Farben miteinander zu kombinieren, so ist die Grundidee meist ein einfarbiges Werkstück.
Bei der Entstehung von Werkstücken sind Farben oft die Hauptdarsteller, eng verbunden mit Oberflächen und Duft. Bewegung wird vielmals unbedeutend und erhält an anderer Stelle ihren Auftritt.
Dieses Buch ist all denen gewidmet, die das gleiche Glücksgefühl empfinden, wenn sie mit Farben arbeiten und von ihnen umgeben sind.
So ist kein Tag wie der andere.

Annette Kamping

Inhalt

5 **Vorwort**

8 **Gelb**
8 Zitronen-Tischschmuck
10 Zweiggefäß
13 Gräserschale
14 Blütenkissen
16 Glasschale

19 **Weiß**
19 Lunaria-Brautstrauß
20 Gräser-Brautstrauß
22 Calocephalus-Quadrat
24 Schlauchvasen
27 Miscanthus-Objekt
28 Fransenbrautstrauß
31 Kreisformationen

32 **Blue and neighbours**
34 Hortensienvase
36 Flechtenherz
39 Blumenkuppel im Steingefäß
40 Bleihörnchen
42 Wachsquadrat
44 Stachys-Brautstrauß
46 Quadrate
49 Rotkohl-Miniaturen
50 Rillenbild

53 **Rot**
54 Gräsersammlung
56 Blattschichtungen
58 Taschenbild
60 Spachtelschale
62 Apfeltopf
65 Tischdekoration mit Erdbeeren
67 Gefüllter Apfelkranz
68 Federtanz
70 Hörnchen unter sich

73 Blüten-Blumenvase
74 Wellenvase
76 Herbstbild

78 **Pink and friends**
81 Ein Strauß für die Braut
82 Rosentasche
84 Zweigkorb

87 **Orange**
87 Herzbild
88 Buchenformation
91 Orangenvase
93 Carex gebündelt
94 Weidenbündelung
96 Zwiebeltopf

98 **Die Farben der Natur**
100 Ähren und Früchte
102 Flechten-Pflanzschale
104 Tüten-Tischdekoration
107 Heuzipfelgefäß
108 Schalenstrauß
110 Taschenarbeit
112 Klettentunnel

115 **Die Bunten**
117 Märchentopf
118 Blumenquader
120 Blütentischtuch
122 Zackenvase
124 Kontrast
127 Pflanzkränze
128 Blumenvasenbild

130 **Danksagung**
131 **Die Autorin**
132 **Impressum**

Gelb

Zitronen-Tischschmuck

GESTALTUNG Exotische Zitronen spiegeln die Leuchtkraft der Blüten wider, die im Frühjahr ihr Farbspiel zeigen. Die Basis mit lagernden Früchten löst sich zu einer ganz neuen, frei gestalteten Form auf. Weidenzweige geben Bewegung und Dynamik. Ein gelbes Blütenband zieht sich durch die Zweige und verbindet sich mit der Bewegung. Diese Gestaltung ist zwar von kurzer Beständigkeit, jedoch von großer Intensität.

WERKSTOFFE
Zitronen
Weidenzweige
Heu
Narzissen (Sorte: 'Tête à Tête')
Schneeball (*Viburnum opulus* 'Sterile')
Ranunkeln (*Ranunculus asiaticus*)
Stiefmütterchen (*Viola x wittrockiana*)

TECHNIK Für das Grundgerüst werden die Zitronen durch Weidenstäbe miteinander verbunden. Dafür werden die Stäbe einfach in die Zitronen gesteckt. Wichtig ist es, wegen der Haltbarkeit sehr feste, unreife Zitronen zu verwenden. Auf dieses Weiden-Zitronen-Gerüst wird ein florales Band gelegt. Hierfür wird Maschendraht geformt, der mit Heu umwickelt wird. Grün und Blüten werden in Wasserröhrchen gestellt und in den Draht gesteckt. Die leicht gewölbte Form entsteht durch die unterschiedlich angeordneten Blüten in verschiedenen Höhen und Tiefen. Um eine optische Verbindung von Blütenband und Zweig-Zitronenaufbau zu erzielen, werden noch einige Weidenstäbe zwischen Band und Grundaufbau gezogen.

FARBWIRKUNG Gelb in allen Nuancen: Vom Cremegelb, Grüngelb, Olivgelb bis zum satten Gelborange! Durch die Ergänzung mit allerlei sattem Grün bekommt die Arbeit etwas Erheiterndes, Strahlendes. Diese Arbeit wirkt sehr dynamisch. Die Grundidee ist so dominant, dass jedes Hinzufügen von Farbe die Idee zunichte machen würde. Erst eine konsequente Farbzusammenstellung steigert den Wert.

Zweiggefäß

GESTALTUNG — Dieses streng reduzierte „Gefäß" aus Zweigen steigert durch seine konische Form und seine raue Oberfläche die Eleganz der Orchideen ins Unermessliche. Durch die Eigenwilligkeit der Zweigformen wirkt das Gefäß trotz seiner symmetrischen Grundform lebendig und nimmt so die aufstrebende Bewegung der Orchideen auf.

WERKSTOFFE — *Phalaenopsis*
Holunderzweige (*Sambucus nigra*)

TECHNIK — Die Grundform des Gefäßes wird aus Steckschaum geschnitten und mit Moos umwickelt. In der Mitte wird die Öffnung für ein einfaches Pflanzgefäß gelassen. Die Form wird außen mit Zweigen beklebt.

FARBWIRKUNG — Die Farbauswahl ist reduziert: Limonengelb, Oliv, Moosgrün. Durch die bewusste Verwendung von Farbverwandschaften wird Ruhe erzeugt, so dass die Schlichtheit und Extravaganz der Pflanzung betont ist.

Gräserschale

GESTALTUNG Idee und Konzept dieser Arbeit werden von *Miscanthus sinensis* 'Aureovariegatus' inspiriert. Diese Gräser lieben es, bewegungsvoll als Solitäre gepflanzt zu werden. Es ist faszinierend, wie sie sich dennoch so harmonisch zu einer geschlossenen Form zusammenfügen, ohne ihren Charakter zu verlieren.
Die Gräser werden bei dieser Arbeit zwar ringförmig symmetrisch gebunden, doch der Gestalter lässt ihnen so viel Freiheit in ihrer Bewegung, dass sie auch aus dieser neuen Form ausbrechen dürfen. Lässigkeit und Sommerflair sind gekonnt zusammengefügt, auch bei den Farben. Eine optisch in sich geschlossene Arbeit, die frühsommerliche Fülle und Üppigkeit ausstrahlt und für viele Anlässe geeignet ist wie Tisch- oder Kirchendekoration oder im Entreebereich von Hotels und Geschäften einen wirkungsvollen Blickfang setzt!

WERKSTOFFE Chinaschilf (*Miscanthus sinensis* 'Aureovariegatus')
Ranunkeln (*Ranunculus asiaticus*)
Garten-Hortensie (*Hydrangea macrophylla*)
Rispen-Hortensie (*Hydrangea paniculata*)
Purpurrudbeckie (*Echinacea purpurea*)
Buntnessel (*Solenostemon scutellarioides*)
Enzian (*Gentiana*)
Dahlie (*Dahlia x hortensis*)
Viele verschiedene Kräuter

TECHNIK Die Gräser werden zu Schlaufen gebunden, an einem Punkt gedrahtet und kranzförmig in einen mit frischer Steckmasse gefüllten Untersetzer gesteckt. Das Gewicht des Gräserkranzes erfordert eine solide Befestigung.
Die Blüten werden parallel auf der Fläche, also mit vielen Wuchspunkten angeordnet. Erst durch das „Kreuz und Quer" der Blütenanordnung entsteht der Eindruck von Lässigkeit und Zufall.

FARBWIRKUNG Da sich das neutrale Gelbgrün der *Miscanthus*-Gräser schnell in den Hintergrund drängen lässt, ist es wichtig, die Farbauswahl für dieses Werkstück behutsam auszusuchen. Dennoch muss diese Auswahl sich nicht auf neutrales Weiß beschränken. Durch die gelb durchzogenen Gräser bietet sich ein verwaschenes Gelb in Verbindung mit gebrochenem Weiß an. Um jedoch die Arbeit nicht monoton wirken zu lassen, wird ein komplementäres, verwaschenes Blauviolett verwendet, das gleichzeitig Frische in die Farbauswahl bringt und so die Vitalität des Grases wieder hervorhebt.

GESTALTUNG Florale Kissen mit neuen Texturen, Farben und einem ungewöhnlichen Styling sind in gewisser Weise dem alltäglichen Gebrauchsgegenstand nachempfunden. Die Blumen müssen bei dieser Inszenierung nicht nach herkömmlichen Gestaltungsregeln oder nach Bewegungen arrangiert werden. Der Betrachter soll zum Anschauen und Tasten verführt werden – ein neuer Anspruch, den Blumen erheben, um auf sich aufmerksam zu machen, vielleicht auch einfach eine Laune von mir.

WERKSTOFFE Steinbrech (*Saxifraga*)
Christrose (*Helleborus niger*)
Stiefmütterchen (*Viola x wittrockiana*)
Maßliebchen (*Bellis perennis*)
Schneeball (*Viburnum*)
Narzissen

TECHNIK Das 'Innenleben' der Kissen wird aus Pappe geschnitten und mit Heu bewickelt. Sphagnummoos gibt den Blüten Feuchtigkeit und erlaubt das Frischhalten der Werkstoffe. Die Kissen erfordern aufgrund unterschiedlichster Blütenanordnungen dementsprechend auch verschiedene Techniken. Mal ist ein In- und Übereinander-Wickeln der Werkstoffe angebracht, ein anderes Mal aufwendiges, exaktes Anordnen von gedrahteten Blüten.

FARBWIRKUNG Gelb in seiner stärksten Leuchtkraft scheint in dieser Kissentrilogie den dominanten Part zu übernehmen. Doch wider alle Farblehren neutralisiert hier das Apfelgrün der *Helleborus*-Blüten nicht die Farbvielfalt, sondern behauptet sich durch starke Gelb-Grün-Anteile in Leuchtkraft und Textur gegen das gelbe Kissen. Wie auch im Wohnbereich erzielt das vielfarbige Kissen durch die Nachbarschaftsfarben Gelb und Grün sowohl harmonische Einheit als auch fröhliche Lässigkeit.

Glasschale

GESTALTUNG Eine *Alchemilla*-Schale dient zur Dekoration von Früchten und Blüten. Sommerlicher Flor wird unregelmäßig in Glasröhrchen gestellt, die kranzförmig am Schalenrand fixiert werden. So kann man Blüten und auch Früchte je nach Bedarf austauschen und das Stimmungsbild verändern – pur oder dekorativ üppig.

WERKSTOFFE Frauenmantel (*Alchemilla mollis*)
Sommerflor

TECHNIK Aus mehreren abgespulten Wickeldrahtrollen wird eine individuelle Schale mit breitem Rand geformt, die dann mit Hilfe von Myrtendraht dick mit *Alchemilla* bewickelt wird. Die Glasröhrchen werden durch den Rand hindurchgezogen und mit Blüten gefüllt. Das Glas, das problemlos gereinigt werden kann, übernimmt bei dieser Schale den technischen Part.

FARBWIRKUNG Gelb, Orange, Pink – Sommer, Früchte, Glas – Transparenz, Üppigkeit, Vitalität, Leuchtkraft – ein Spiel mit Blüten, Früchten und Farben der Sonne. Es entsteht eine warme, fast feurig wirkende Farbstimmung, welche durch die Kombination von Nachbarschaftsfarben entsteht. Pink schafft eine exotische Stimmung.

Lunaria-Brautstrauß

GESTALTUNG *Lunaria*-Blätter – gebündelt, schuppiert, ineinander, übereinander und miteinander kombiniert – verschaffen dieser Arbeit einen lässigen, verspielten und beflügelten Charakter. Die Materialverarbeitung ist konsequent, ohne den Anspruch auf Perfektion zu erheben. Die runde, symmetrische Grundform wird aufgelöst durch zarte Ranken und viele unschuldig wirkende Blüten. Der Brautstrauß strahlt Frische, Vitalität und einen Hauch Engelhaftigkeit aus, ohne aufdringlich zu wirken.
Er erfüllt so die Forderung der Braut, sie zu begleiten ohne zu dominieren.

WERKSTOFFE Silberling (*Lunaria annua*), Blätter
Ranunkeln (*Ranunculus asiaticus*)
Mühlenbeckie (*Muehlenbeckia axillaris*), Ranken
Schneeball (*Viburnum*), Blüten
Schleifenblume (*Iberis sempervirens*)
Schachbrettblume (*Fritillaria meleagris*)

TECHNIK Hunderte von transparenten Blättchen werden schuppiert, gebündelt, gedrahtet und getaped. Sie umspielen einen runden kleinen Strauß mit Blüten, die sich zwar eng aneinanderfügen, ohne jedoch ihren eigenen Charakter zu verlieren.
Die konsequente Drahttechnik ermöglicht einen komfortablen Haltegriff und verschafft dem Strauß trotz der vielen Werkstoffe ein angenehmes Tragegewicht.

FARBWIRKUNG Unterschiedlichste Weißtöne verleihen diesem Strauß etwas Bräutliches. Nichts soll hart und klar wirken. Das Weiß der Blüten verliert durch die Transparenz der ummantelnden Blätter seine Klarheit und Kühle. Unverzichtbar ist begleitendes Grün. Erst der starke Hell-Dunkel-Kontrast bringt Spannung und lässt das Weiß natürlicher und lebendig wirken. Weiß ist hier nicht gleich Weiß, sondern es spielt mit Schattierungen und Texturen.

Weiß

Gräser-Brautstrauß

GESTALTUNG — Dieser Brautstrauß ist streng reduziert in Material- und Farbauswahl. Der untere Gräserpart erinnert an eine gewickelte Girlande, die einen Griff zum Tragen erhalten hat. Die Gräsergirlande löst sich nach oben auf und schafft Raum für bräutliche Blüten.

WERKSTOFFE — Riesenchinaschilf (*Miscanthus floridulus*) Rittersporn (*Delphinium,* Sorte aus der Pacific-Gruppe)

TECHNIK — Viele einzelne Gräserringe, die flach, rund ineinander gedreht und mit einem Papier ummantelten Draht fixiert werden, bilden die Hauptthematik dieses Brautstraußes. Im Vorfeld wird ein flacher, girlandenförmiger Grundaufbau aus Wickeldraht gefertigt, der nicht zu schwer sein darf. Mit Hilfe von langen Stützdrähten wird daran ein Stiel als Haltegriff befestigt. Die einzelnen Gräserringe werden nun von unten ohne Fixierung über die Wulst noch oben gezogen. Erst die letzten zwei Ringe werden wiederum mit Draht vorsichtig fixiert. Im oberen Part werden getapete, einzelne Blüten Kopf-an-Kopf gesetzt. So wird der Grundaufbau zu einer strengen, klassischen Form vollendet. Technische Sauberkeit und Präzision sind Voraussetzung für diesen Brautstrauß, der von unten durch Blätter und Band abgedeckt wird und das Tragen angenehm macht.

FARBWIRKUNG — Inspiration für diese Arbeit ist das fantastische Farbspiel zweier 'Nichtfarben' mit stärkstem Hell-Dunkel-Kontrast in einer Blüte – Weiß und Schwarz. Um die Wirkung und Aussage dieser Farbstimmung nicht zu beeinträchtigen, wird neutrales Grün verwendet. Der Strauß ist ruhig in der Farbwirkung, doch spannend in der Verarbeitung. Das Weiß kann somit wirken. Die Stimmung, die das Weiß vermittelt, wird jedoch durch Hinzufügen von Grün und der Assoziation „Gras" noch reiner, frischer und dominanter.

Calocephalus-Quadrat

GESTALTUNG Floraler Werkstoff ummantelt eine Gefäßfüllung. Gebrochene, rustikale Strukturen erhalten durch die klare Formgebung, die Reduktion und die Verbindung mit der porzellanartigen Schönheit des simplen *Cyclamen* einen neuen, ganz und gar seltsamen Reiz. Die Symmetrie geht bis ins Detail. Spannung bringt die klare Farbmengenauswahl. Blickfang und edles Objekt - einfach nur für ein Blumengesteck oder als Pflanzgefäß!

WERKSTOFFE Alpenveilchen (*Cyclamen persicum*)
Calocephalus

TECHNIK Styroporplatten werden geschnitten und zu einem Quadrat zusammengeklebt. Darauf werden Büschel von *Calocephalus* gehaftet. Der Kasten wird von innen mit Füllmaterial ausgelegt und mit Teichfolie abgedichtet. Die *Cyclamen*-Blüten werden parallel in Frischsteckmasse gesteckt. Um den Charakter der Blüten zu verstärken, sind Blattsilber-Quadrate zwischen die beiden Werkstoffe gesetzt. Zwei verschiedene Bewegungsformen, einmal flügelähnlich, einmal stark in sich verzweigt, erhalten so ihren eigenen Freiraum, um getrennt und doch verbunden, jedes für sich zu wirken.

FARBWIRKUNG Bewusste Farbgliederung: Edles klares Porzellanweiß wirkt optisch durch das oft eisig schimmernde Grau noch weißer und reiner. Grau ist der ideale Partner, um Farben aufzuwerten oder auch sie nicht zu sehr in den Vordergrund zu stellen. Eine Tugend, die nicht jede Farbe ihr eigen nennen kann.

Schlauchvasen

GESTALTUNG Simple Wasserschläuche inspirieren durch Farbe, Oberfläche und Formbarkeit. Als untypische Blumenvasen bieten sie Blütenklassikern wie Lilien, die seit Jahrtausenden Symbol für Unschuld sind, eine Möglichkeit, sich dem Betrachter aus einer ganz anderen Perspektive zu zeigen. Die Transparenz der neuen Vasenform und ihre interessante Bewegung ermöglichen den edlen Charakteren eine unsagbare Ausstrahlung, Frische und Dynamik. Bewusster Verzicht auf Farbe und pflanzliche Begleitformen bringt dem porzellanartigen Weißgrün unglaubliche Reinheit und Vitalität. Es wird der Anschein einer beweglichen Gefäßfüllung erreicht.

WERKSTOFF Lilien (*Lilium longiflorum*)

TECHNIK Aus gleichlang geschnittenen Wasserschläuchen wird mittels Zinkdraht, der beidseitig um die Rundungen verzwirbelt wird, eine Reihung hergestellt. Technischen Halt geben drei Drähte, die die zwei Seiten miteinander verbinden.

FARBWIRKUNG Transparente Materialien und zurückhaltendes, verwaschenes Türkisblau lassen Blüten in Weiß noch klarer, frischer und reiner wirken. Um jedoch eine Gestaltung perfekt zu inszenieren, spielen Raumgestaltung, Hintergründe und Möbel eine tragende Rolle. Erst die zart lindgrüne Wand schafft hier ein passendes farbliches Ambiente, greift die grünen Blattspitzen der Lilien wieder auf und lässt deren porzellanartige Oberfläche durch diesen „Materialmix" noch ursprünglicher und vollkommener wirken.

Miscanthus-Objekt

GESTALTUNG Riesenchinaschilf, hoch emporragend, wild mit- und ineinander wachsend, zeigt sich bei diesem Werkstück von einer anderen Seite. Gleichmäßig rund angeordnet, ohne die Eigenwilligkeit des einzelnen Grases zu missachten, zeigt das Objekt das „Miteinander in enger Gemeinschaft". Die Gräser vermitteln, so zusammengefügt, den Eindruck von Schwere. Durch den Wegfall der natürlichen Bewegung werden neue, interessante Perspektiven eröffnet. Blüten sind in die Gefäßform eingefügt und verhelfen dem Ganzen zu neuer Vollkommenheit – ein Objekt für den Dekorations- und Gestaltungsbereich.

WERKSTOFFE Riesenchinaschilf (*Miscanthus floridulus*)
in Gesellschaft mit weißen Blüten

TECHNIK Eine Halbschale aus Styropor dient als Gefäßaufbau zur Befestigung der Gräser. Diese werden von der Basis ausgehend mit Haften an der Schale, mit Stecknadeln über der Schale fixiert. Durch das Ineinanderweben entsteht ein technisch fundierter Aufbau, der weder statisch noch gepresst wirkt. Folie und Steckmasse im inneren Bereich der Kugel geben den Blumen Halt und verhindern ein Entweichen des Wassers.

FARBWIRKUNG Eine klare, frische Farbaussage durch die Wahl der Farben Grün und Weiß! Die neutralen Blüten betonen die neue Bewegung der Gräser. Nichts wirkt verspielt, nichts lenkt ab. Der dominante Charakter des Riesenschilfs bleibt erhalten. Ein starker Hell-Dunkel-Kontrast lässt das Grün noch satter und farbintensiver wirken.

Fransenbrautstrauß

GESTALTUNG Der kleine, fransige, pomponähnliche, halbrunde Brautstrauß wirkt durch Textur und Farbe unbestechlich. Jedes Hinzufügen von weiteren Werkstoffen würde nur ablenken von den Blüten – und von der Braut. Viele kleine Blütenblättchen lassen sich zwar in einer neuen runden Form zueinander fügen, doch Charakter und Eigenwilligkeit des kleinsten Blättchens sind so individuell, dass sie ihre eigene Richtung bestimmen.

WERKSTOFF Großblumige Chrysanthemen (*Dendranthema x grandiflorum*)

TECHNIK Einzelne Blätter der Blütenköpfe werden mit feinem Silberdraht fixiert und zu einer neuen, dicken Blüte gebunden. Der Stiel wird durch glänzendes Engelshaar bewusst betont. So ist die Verbindung zur Braut geschaffen.

FARBWIRKUNG Interessant wirkt dieser Brautstrauß in Apfelgrün bei unterschiedlichem Lichteinfluss. Während er bei Sonnenschein Gelbgrün scheint, wirkt er im Schatten gedämpfter und verliert seine fast grellen Gelbanteile. Eine mutige Farbwahl, die durch Kombination mit anderen Farben oft einen unwirklichen, fremden Charakter bekommt, in Verbindung mit Weiß und Grau jedoch eine verzaubernde Farbausstrahlung besitzt. Höchste Leuchtkraft und Farbintensität sind dominant herausfordernd.

Kreisformationen

GESTALTUNG Viele Pflanzen lieben es, gesondert ihre Schönheit zu präsentieren. Eine etwas andere Pflanzenveredlung zeigt den Venusschuh pur und trotzdem in einem ihm gebührenden, stilvollen Rahmen. Jegliches Dekorieren am oder im Pflanzgefäß scheint alltäglich. Hier bringt die separate, objekthafte Gestaltung die Wirkung der Pflanze oft besser zur Geltung, ohne sie optisch einzuzwängen oder ihr den Freiraum zu rauben. Kreisende Formationen schaffen eine Szenerie, in der die Orchidee farblich und spannungsreich einen neuen Rahmen erhält, in dem sie sich entfalten kann.

WERKSTOFFE Venusschuh (*Paphiopedilum*)
Bärengras (*Xerophyllum asphodeloides*)

TECHNIK Mehrere offene Drahtreifen werden mit Bärengras umwickelt, aufgestellt und oben an verschiedenen Stellen miteinander fixiert. So bleibt unten die Möglichkeit, die Grasringe auseinander zu schieben, um Standfestigkeit zu erreichen.
Der Venusschuh wird nur zwischen die Ringe gestellt.

FARBWIRKUNG Durch das Umwinden der Ringe werden Vorder- und Rückseite der Gräser mit in die Gestaltung einbezogen. Somit ergibt sich eine interessante Farbstimmung in Lindgrün, Mint, Tannengrün und im Graubereich. Es entsteht optisch eine Farbharmonie, die dem Weiß der Orchidee zu besonderer Eleganz und Vollkommenheit verhilft und keinerlei Langeweile hervorruft. Das glänzende Silber des mit Schlagmetall überzogenen Topfes steigert die Aussage der Grautöne und lenkt durch spiegelartigen Glanz den Blick aufs Wesentliche. Erstaunlich, wie ein neutrales, ruhig wirkendes Grün durch geringfügige Farbvarianten und Bewegungen eine neue Aussagekraft erlangt!

Blue and neighbours

Die Farbe des Himmels löst in uns ein Gefühl von Weite, Unendlichkeit, Gelöstheit und Ruhe aus. Blau – eine Farbe, die auch durch Beimischung von Weiß nicht ihren Charakter und ihre Ausstrahlung verliert. Denken wir an blauen Rittersporn in all seinen Schattierungen, aquamarinblau schimmerndes Wasser, blaue Enzianblüten, die vielfältigen Mischungen von Blau bis ins Violett und Mauve der *Clematis*-Blüten. Blau ist eine faszinierende Farbe, deren Schattierungen im Pflanzenbereich eine unwiderstehliche Anziehungskraft auf den Menschen ausübt. Seit Jahrhunderten diskutieren Experten über die kalte Ausstrahlung dieser geliebten Farbe. Wie kalt ist Blau wirklich, wo liegt die Grenze zwischen kaltem und warmem Blau?
Blau – eine Farbe, die sich nicht einordnen lässt und vielleicht deshalb der Favorit vieler Menschen ist.

Hortensienvase

GESTALTUNG   Hortensien – prunkvolle Charaktere, die unter sich sein wollen und eine üppige Verarbeitung lieben. Blautöne unter sich bewirken eine höchst außergewöhnliche Spannung und einen besonderen Überraschungseffekt. Trotz des Verzichtes auf viele Blüten wirkt diese Hortensienarbeit durch die Form des Wachsgefäßes weich und harmonisch.

WERKSTOFF   Garten-Hortensie (*Hydrangea macrophylla*)

TECHNIK   Der Grundaufbau der Vase wird aus Wickeldraht geformt und mit Papier überkleistert. Nach dem Trockenvorgang wird das Gefäß mit blauem Wachs übergossen. Die einzelnen Hortensienblüten werden mit Stecknadeln in die noch nicht ganz feste Oberfläche gedrückt und kurz mit wenig Wachs überzogen. Nach dem Aushärten des Wachses können die Nadeln herausgezogen werden, ohne technische Spuren zu hinterlassen. Ein simples Gefäß im Innern der neu entstandenen Form dient dem Einstellen von Blüten.

FARBWIRKUNG   Eine kobaltblaue Wachsvase mit hellblauen Texturen spiegelt das Licht des Himmels. Eine ruhige und doch energiegeladene Ausstrahlung, die gelassen alle Blauschattierungen in sich beinhaltet. Das leichte, verwaschene Blauviolett der Hortensien lässt Tiefe erahnen. Wirkt dieses Blau noch kalt? Ein Loslösen von althergebrachten Aussagen ist angebracht. Umfeld, Lichteinfluss und Rotanteile bewirken eine ganz neue Stimmung und Farbidentität.

Flechtenherz

GESTALTUNG Die Symbolform „Herz" dient bei dieser floralen Gestaltung als Pflanzgefäß. Als Blickfang an einer Hauswand oder Eingangstür gilt sie, das ganze Jahr über unterschiedlich bepflanzt, als herzlicher Willkommensgruß für Eintretende. Durch die klare und dominante Grundform haben hier die Pflanzen den begleitenden und umschmeichelnden Part der Gestaltung übernommen.

WERKSTOFFE Küchenschelle (*Pulsatilla vulgaris*)
Flechtenzweige

TECHNIK Abgespulter Wickeldraht wird zu zwei Herzhälften geformt und mit Draht wieder zu einem neuen, oben offenen Herz zusammengenäht. Die so entstehende Öffnung dient als Pflanzbasis. Das Drahtgerüst wird mit Flechtenzweigen beklebt.

FARBWIRKUNG Eine morbide Farbstimmung entsteht durch das Grau der Flechte und übernimmt die dominante Wirkung. Violett und Aquamarin sowie grüne Farbakzente geben dieser neutralen Farbe Leben und Charakter, ohne aufdringlich zu erscheinen.

Blumenkuppel im Steingefäß

GESTALTUNG Ein schweres, organisches Gefäß wird betont durch eine symmetrische Blütenkugel, die ebenfalls schwer, aber dennoch nicht starr wirkt. Spannung wird erzeugt durch den Kontrast zwischen den aufstrebenden Stielen und den jeweils runden Formen.

WERKSTOFFE Blüten mit runden Blütenköpfen wie:
Sommeraster (*Callistephus chinensis*)
Ballonblume (*Platycodon grandiflorus*)
Garten-Hortensie (*Hydrangea macrophylla*)
Staudenphlox (*Phlox paniculata* 'Nora Leigh')

TECHNIK Eine runde Blütenkuppel entsteht durch einen lockeren Wickeldrahtaufbau, der vorher geformt und auf drei Stäben in der Steinschale fixiert wird. Die Blütenstiele werden durch die Drahtkugel gezogen und in Steckmasse, welche die Steinschale komplett ausfülll, gesteckt.

FARBWIRKUNG Grau ist ein idealer Partner, um Farben wie Azurblau, Violett, verwaschenes Blau und Mauve in ihrer sinnlichen Ausstrahlung zu verstärken. Keine Blüte wirkt aggressiv, nichts scheint sich aus dieser ruhig wirkenden, neu geschaffenen Form lösen zu wollen. Die Blautöne lassen eine eigenwillige, spätsommerliche Stimmung aufkommen.

Bleihörnchen

GESTALTUNG Das ständige Suchen nach neuen Möglichkeiten, Blüten in einem anderen Ambiente zu präsentieren, lässt uns offen werden für neue Formen und Materialien. Oft ergibt ein Aneinanderfügen von einzelnen Elementen, die in sich abgestimmt und eigentlich als Solitär gedacht sind, eine ungewöhnliche, neue Gefäßfüllung. Es entsteht eine Einheit, bei der jede Vase im Grunde genommen auch einzeln existieren könnte, die zusammen aber wie eine große Familie wirkt. Schwere Bleiformen, starr in ihrem Grundaufbau, sehen mit Blütenfüllung aus, als seien sie in Bewegung.

WERKSTOFFE Bergenie (*Bergenia cordifolia*)
Duftveilchen (*Viola odorata*)
Traubenhyazinthe (*Muscari armeniacum*)
Maßliebchen (*Bellis perennis*)
Schachbrettblume (*Fritillaria meleagris*)
Küchenschelle (*Pulsatilla vulgaris*)
Thymian (*Thymus*)
Stiefmütterchen (*Viola tricolor*)

TECHNIK Einzelne Bleiflächen werden wie Waffeln zu einem Hörnchen zusammengerollt. Sie erhalten am oberen Rand je 2 bis 3 Löcher, so dass später ein Hörnchen parallel und eines seitlich angesetzt werden kann. Sie werden mit Draht fest aneinander fixiert. Die Blüten werden in Wasserröhrchen, kleine Plastikbecher oder Steckmasse gestellt.

FARBWIRKUNG Rosa, Pink, Aubergine, Taubenblau, Mauve und Violett nehmen die kühle Stimmung des Graus wieder auf und lassen es zusammen mit Weiß lebendig wirken. Verstärkt durch den so erzeugten Hell-Dunkel-Kontrast bekommt die eigentlich trübe Farbsubstanz eine Prise Frische und erregt dadurch mehr Aufsehen.

Wachsquadrat

GESTALTUNG Eine geometrische Form dient als Gestaltungselement für die „ewige" Gefäßfüllung. Die gewachste Struktur übernimmt den beherrschenden Part und schafft einen steinernen Ausdruck. Frische Früchte und Blüten werden durch Überwachsen haltbar gemacht, ohne an Ästhetik zu verlieren. In der geschlossenen Grundform fügen sich die Früchte und Blüten des Herbstes aneinander, ohne dominieren zu wollen. Pflanzen und Gefäß harmonieren in Form, Struktur und Farbe geradezu vollkommen.

WERKSTOFFE Früchte und Blüten des Herbstes

TECHNIK Ein quadratischer, offener Holzkasten wird mit grauer Dispersionsfarbe überstrichen und mit flüssigem Wachs von allen Seiten übergossen. Durch das Übergießen der einzelnen Seiten aus verschiedenen Richtungen entsteht eine interessante linien- und tropfenbildende Struktur, die das Gefäß organisch wirken lässt. Die Blüten und Früchte werden in Steckmasse gesteckt, die in einen wasserundurchlässigen Einsatz gelegt wird. Das heiße Wachs sollte vor der Verarbeitung etwas abgekühlt sein, damit es besser auf der Oberfläche haftet.

FARBWIRKUNG Das neutrale Grau eignet sich zur Präsentation intensiver Farben und zur Veredlung von Oberflächen. Gerade diese Oberfläche bestimmt die zurückhaltende und dennoch beeindruckende Aussage des Gefäßes. Die morbiden Farbtöne Mauve, Violett und Schwarzblau konkurrieren in keiner Weise mit der edlen Dominanz des Graus, sie fügen sich vielmehr zurückhaltend in das Stimmungsbild ein. Das schlichte Grau lässt sich spannungsreich durch unterschiedliche Lichteinflüsse in Szene setzen und schafft interessante Hell-Dunkel-Kontraste.

Stachys-Brautstrauß

GESTALTUNG   Ein muffartiger Brautstrauß löst sich nach oben in ein florales Band auf. Die geschlossene Grundform ist elegant und stilvoll. Blumiges übernimmt den Auftritt, betont die Festlichkeit, ohne jedoch überschwelgend und zu verspielt zu wirken. Eine zeitgemäße Auseinandersetzung mit dem Thema Brautstrauß und mit sommerlichen Blütentrendfarben!

WERKSTOFF   Wollziest, Eselsohr (*Stachys byzantina*)
Sommerlicher Gartenflor

TECHNIK   Maschendraht wird rechteckig geschnitten und im unteren Part mit Füllstoff weich aufgepolstert. Für den oberen Blütenbereich wird eine weiche Unterlage aus diversem Grün geschaffen. Die innere Blütenrolle sowie der untere Bereich wird mit Blättern schuppenförmig beklebt; Blüten werden zum Schluss eingefügt. Durch regelmäßiges Besprühen bleibt dieser Brautstrauß tagelang frisch und wirkt auch im getrockneten Zustand noch ästhetisch.

FARBWIRKUNG   Silbergrau – edle Kühle, Mauve – subtile Stimmung, verwaschenes Blau – Sommer, Weiß – Frische, samtig-zartes Violett – Jugend, Feinheit; kurz: harmonisch.

Quadrate

GESTALTUNG Die wie gehämmert aussehenden Blütenblätter der *Vanda* reizen zu einer puristischen Darstellung dieser Pflanze. Keine zusätzliche, gestalterische Form oder Bewegung soll ablenken von dieser edlen Schönen, die durch die Wahl des alten Tongefäßes eine gewisse Herbheit erhält.

WERKSTOFF Blaue Vanda (*Vanda coerula*)

TECHNIK Nicht jede Gestaltung bedarf einer besonderen Technik. Die *Vanda* zieht Feuchtigkeit über ihre Luftwurzeln. Das Gefäß dient in diesem Falle überwiegend der Optik. Ein Zuviel an Bewegung und Gestaltung nimmt der Pflanze ihren Geltungsanspruch.

FARBWIRKUNG Verwaschene, subtile Farbtöne wie Hellblau, Mauve, helles Grau, Apfelgrün und Türkisgrün, dargestellt im quadratischen Format, harmonieren mit dem Blütenmuster und schaffen einen Hintergrund, der Phantasien freien Lauf lässt. Das dunkle Violett der Orchidee wirkt dadurch noch intensiver und exotischer.

Rotkohl-Miniaturen

GESTALTUNG Die herbstlichen Miniaturvasen bieten die Möglichkeit, einzelne Blüten des Spätsommers aufzunehmen. In Reih und Glied zeigen sie ihre Vielfalt. Durch Größe und Format sind die Vasen ideal zur Dekoration von Tischen oder auch als Einzelblütenpräsent, das sicher Freude bereitet. Jedes für sich ist ein Unikat in Struktur, Form und Farbe.

WERKSTOFFE Rotkohl
Blüten des Spätsommers

TECHNIK Ein kleiner Block Steckmasse dient als Basis für ein Wasserröhrchen, in das die Blüten gestellt werden. Die Hüllblätter des Rotkohls werden vom Kopf getrennt und einige Tage gelagert, damit sie ihre Spannkraft verlieren. Dann werden sie um den Block gerollt, und die sich überlappenden Blätter werden mit einem Drahtspieß fixiert. Um eine gute Standfestigkeit zu erlangen, wird ein Bleiblättchen von unten gegengeklebt.

FARBWIRKUNG Die dunkelvioletten Vasen nehmen Nachbarschaftsfarben wie Feuerrot, Rosa, Pink, Aubergine, helles Mauve und Azurblau gelassen auf. Durch die dunkle gesättigte Farbwirkung schaffen sie eine Grundlage für Blüten höchster Leuchtkraft sowie für zarte, zurückhaltende Exemplare mit getrübten Farben.

Rillenbild

GESTALTUNG

WERKSTOFFE

TECHNIK

FARBWIRKUNG

Eine plastische Bildgestaltung aus floralen und nicht floralen Materialien! Werkstoffe, die sich wickeln und winden lassen, werden hier für eine neue Aussage benutzt. Verschiedenfarbige und unterschiedlich strukturierte Girlanden schaffen einen interessanten Bildaufbau und fügen sich optisch zu einer Einheit zusammen. Experimentelle Floristik oder schon Kunst?

Besenheide (*Calluna vulgaris*)
Sommer-Schleierkraut (*Gypsophila elegans*)
Artemisia
Perückenstrauch (*Cotinus coggygria*)

Für den Bildaufbau werden unterschiedlich breite Papiergirlanden gewickelt und mit unterschiedlichen Abständen auf einer Styroporplatte befestigt. Die Unterlage wird dann übergespachtelt und farbig in Längsstreifen gestrichen. Nach dem Trockenprozess werden die floralen Girlanden in das Bild mit eingefügt.

Pastellige Grün-, Aquamarin-, Hellblau- und Rosétöne bestimmen die Farbaussage. Weiß wirkt harmonisierend zur Wand und schafft so optisch Bezug. Starke Hell-Dunkel-Kontraste und Quantitätskontraste beleben das Bild und erzeugen eine starke Fernwirkung.

Leidenschaftlichkeit, Feurigkeit, Erotik, Vitalität, Sinnlichkeit und Erregung stehen sinnbildlich für diese unwiderstehliche Farbe – seit Jahrhunderten eine Farbe mit starker Symbolik, eine Farbe die Blicke auf sich zieht. Denken wir nur an Menschen, die ganz in Rot gekleidet sind. Aber Rot ist auch eine Farbe, die für viele schockierend wirkt. Immer wenn es darum geht, in irgendeiner Weise Aufmerksamkeit zu erregen, steht Rot an erster Stelle – ein großer Strauß roter Rosen, ein knallrot geschminkter Mund, rote einzelne Möbelstücke in einer schlichten Einrichtung oder ein rotes, exklusives Auto. Doch Rot zeigt sich auch von anderen Seiten: Farbvarianten in Rosa, Pink, Magenta, Purpur, Pflaumenrot, Schwarzrot, Zinnoberrot und verschiedenen Orangetönen zeigen sich lieblich, herausfordernd, mystisch und erdbezogen. Einen der schönsten Rottöne, dessen Sättigungsgrad unübertroffen farbintensiv ist und fast samtig wirkt, zeigt uns *Lobelia x speciosa,* eine Staudenart, die in keinem Garten fehlen sollte.

Rot

Gräsersammlung

GESTALTUNG Wildwachsende Gräser werden geschnitten, gebündelt und neu miteinander verbunden zu einer ruhigen Einheit, die eine ganz neue Aussage erhält.
Durch das bewusste Bündeln wird der Charakter des einzelnen, im Wind wippenden Grases stark verändert. Gewöhnliches wird aus dem Gewohnten herausgenommen und durch Konzentration und bewusste Zueinanderführung klar definiert. Dennoch muss die klare Aussage nicht monoton wirken. Durch die verstärkte Darstellung von Oberfläche, veränderter Bewegung und Farbvertiefung entsteht ein Kräfteaustausch mit neuem Reiz.

WERKSTOFFE Gräser
Zinnien (*Zinnia elegans*)
Wicken (*Lathyrus odorata*)
Dahlien (*Dahlia x hortensis*)
Rosen (*Rosa*, verschiedene Sorten)
Schafgarbe (*Achillea millefolium*)
Schmuckkörbchen (*Cosmos bipinnatus*)

TECHNIK Ein einfaches Gefäß wird mit frischem Steckschaum gefüllt, der etwa 8 cm über den Gefäßrand hinausragt. Die Kanten werden abgeschrägt. Die Gräser werden gesäubert, gebündelt, unterhalb des Blütenstandes gedrahtet und, symmetrisch rund angeordnet, in der Steckmasse verankert. Die angedeutete runde Form wird durch die hinzugefügten Blüten vollendet.

FARBWIRKUNG Die zartfarbenen Blüten des Grases verbinden sich mit Lachsrosa, feurigem Glutrot und Purpur, hellem Violett und Schwarzrot. Die Rottöne sind gekonnt zusammengestellt und können in den eigenen Farbnuancen vornehm schwelgen. Die Gestaltung wirkt sowohl beruhigend als auch verhalten luxuriös. Der starke Hell-Dunkel-Kontrast, sowie die grüne, komplementäre Farbe lassen die Arbeit optisch frisch wirken.

Blattschichtungen

GESTALTUNG Blattschichtungen, schuppenförmig zu einem länglichen Tischschmuck angeordnet, zeigen Herbstlaub in seiner schönsten Form. Farbe, Oberfläche und Anordnung des Weinlaubes dominieren bei diesem Werkstück. Blumen übernehmen den begleitenden Part und greifen die Farben des Herbstes auf.
Die strenge Grundform erhält ihre besondere Originalität dadurch, dass die Blätter „auf den Kopf gestellt" werden.

WERKSTOFFE Jungfernrebe, Wilder Wein (*Parthenocissus quinquefolia*)
Lampionblume (*Physalis alkekengi*)
Dahlien (*Dahlia x hortensis*)
Staudenphlox (*Phlox paniculata*)
Hagebutten

TECHNIK Ein Untersetzer wird ganzflächig hochkant mit Frischsteckmasse gefüllt. Die Blätter werden schuppenförmig zusammengelegt, angedrahtet und von der Basis aus rundherum und rechteckig hochgesteckt. Stiele des wilden Weines werden zum Schluss mit den Blüten eingefügt. Auch im morbiden Zustand vergeht die Schönheit dieses Werkstückes nicht.

FARBWIRKUNG Harmonische Rotorange- und Purpurtöne geben die Stimmung des Herbstes wieder. Das Rot der Blätter übernimmt die dominante Aussage der Arbeit. Es erscheint noch feuriger durch benachbarte Farben, die in geringer Qualität hinzugefügt werden.
Im Spiel der Rotorange-Töne übernimmt das Pink der Dahlien den kühlen Part und sorgt somit für Spannung.

Taschenbild

GESTALTUNG Grundidee dieses Werkstückes ist es, Bildhaftes, Farbe und Blüten miteinander zu verbinden. Die Blüten übernehmen den lebendigen Teil der Bildgestaltung. Sie sind – bewusst ohne Stiel – kompromisslos ihrer schönen Bewegung beraubt, jedoch mit großem Feingefühl und Liebe in eine neue, malerische Gestaltung einbezogen.
Sie ziehen die Bewunderung durch atemberaubende Farben, Oberflächenstrukturen und durch das Spiel der Blütenblätter auf sich. Es entsteht ein Bild , das plastisch wirkt und durch die Verbindung von Farben lebt. Es ist ein Objekt, das Blumen oder Früchten, die oftmals übersehen werden, die Gelegenheit gibt, auf sich aufmerksam zu machen.

WERKSTOFF Ranunkeln (*Ranunculus asiaticus*)

TECHNIK Auf einer dünnen Multiplexplatte wird ein Maschendrahtrechteck mit Tackernadeln am rechten, linken und unteren Rand befestigt. Die gewölbte Taschenform entsteht durch gleichzeitiges Auffüllen mit Füllmaterialien während des Befestigens.
Nach Fertigstellen des technischen Teils wird die Oberfläche mit Papier und Spachtelmasse strukturiert und in Wisch- und Spacheltechnik mit verschiedensten Rottönen bemalt. Das vorher eingefügte Füllmaterial wird entfernt, in die Tasche werden Folie und frische Steckmasse unterkantig hinein geklemmt. Anschließend werden die Blüten eingefügt, die auch im morbiden Zustand noch ihren Reiz besitzen.

FARBWIRKUNG Ein intensives Rotspiel mit verschiedenen roten, rosa- und pinkfarbenen, weiß-pink gesprenkelten und aubergine-schwarzen Ranunkeln! Das Bild gelangt durch den Hell-Dunkel-Kontrast, aber auch durch die Farbe Rot mit ihren Schattierungen zur vollen Ausdruckskraft. Nichts soll ablenken von der Vitalität und Erotik dieser Rotinszenierung. Das Geschaffene scheint zu leben.

Spachtelschale

GESTALTUNG Dekorative Chrysanthemen in ungewohnter Umgebung! Eine mit unzähligen Blättern, Blütenblättchen und Früchten gestaltete Spachtelschale bietet den großblumigen, rotbraunen Schönheiten, die oft wenig Beachtung finden, Platz und Raum. Hier können sie ihre Wirkung präsentieren. Dabei erheben sie jedoch keinen Anspruch auf Bewegung, sondern wollen bewusst nur auf ihre zottelige Oberflächenstruktur und interessante Farbwirkung aufmerksam machen. Viele Tausende Blütenblättchen ergeben zusammen eine imposante Erscheinung, vollkommen harmonisch in Farbe und symmetrischer Aneinanderfügung.

WERKSTOFFE Großblumige Chrysanthemen (*Dendranthema x grandiflorum*)
Herbstliche Blütenblätter und Früchte

TECHNIK Eine Halbschale aus Styropor wird mit farbiger Spachtelmasse modelliert. Nach dem Bestreichen werden die zuvor gesammelten herbstlichen Attribute, wie Hagebutten, Schlehenbeeren, Rosenblätter, Callunenzweige, in die noch feuchte Masse hineingelegt. Beim Antrocknen verbinden sie sich miteinander zu einer neuen Oberfläche. Nach dem Trocknungsprozess wird die Schale mit Folie und Steckmasse für Frischblumen aufgefüllt und mit Blüten Kopf an Kopf schlicht ausgekleidet.

FARBWIRKUNG Verwandte Farbtöne des Farbkreises können auch ohne starke Gegensätze eine ungewöhnliche Stimmung erzielen. Morbid wirkendes Rostrot wird gehalten von Rosarot, das durch seine Quantität bereit ist, eine Fülle von Schwarzrot, Orangerot, Violett und Mauve aufzunehmen. So entsteht eine fast märchenhafte und gelöst wirkende Stimmung. Die farbliche Vielfalt der Schale lädt auch andere Rot-Rosé-Töne ein, in der puristischen Einfachheit zu verweilen.

Apfeltopf

GESTALTUNG Äpfel in einem neuen Licht! Bei dieser Gestaltung steht ganz bewusst ein alltägliches, simples Nahrungsprodukt im Vordergrund, das in seiner Einmaligkeit, Symbolik und Schönheit durch das Überangebot oft unterschätzt wird. Apfelgefäß und Apfelfüllung bilden eine formschöne Einheit. Ein Dekorationsobjekt, das zum Schmunzeln und Nachdenken anregen soll.

WERKSTOFFE Äpfel
Heu

TECHNIK Mit Hilfe von Myrtendraht wird das Heu locker um ein Kunststoffgefäß gewickelt. Das Heu bildet die Unterlage für die eingearbeiteten, frischen Äpfel, die später eintrocknen.

FARBWIRKUNG Das Olivgrün des getrockneten Heus nimmt die Farbe der Apfelstiele auf und betont die Schlichtheit des Farbspiels. Das simple Apfelrot übernimmt die Rolle des Hauptdarstellers. Beim komplementären Oliv-Grün-Rot-Kontrast bringt das verbleichte, grüne Gras die Dominanz des Apfelrots hervor.

GESTALTUNG	Im Frühsommer verlocken Erdbeeren, verzaubern durch Farbe und Duft und geben eine Ahnung von der Fülle des Sommers. Die Tischdekoration spricht die Sinne an: Der angenehme Duft der Früchte verbreitet sich rasch und verlockt zum Naschen – ein Kunstwerk, das Augen und Gaumen Freude bereitet, dessen Verlockungen man nicht widerstehen muss. Die Erdbeeren werden in eine sauber vorbereitete Rinne gelegt, und im Laufe des Festes dürfen die Gäste die Früchte, die reich von Blüten umgeben sind, verzehren.
WERKSTOFFE	Erdbeeren, Früchte und Ranken Christrose (*Helleborus niger*) Duftveilchen (*Viola odorata*) Schafgarbe (*Achillea millefolium*) Ranunkeln (*Ranunculus asiaticus*) Wolfsmilch (*Euphorbia*) *Skimmia japonica* Pfennigkraut (*Lysimachia nummularia*)
TECHNIK	In einem länglichen Untersetzer werden Frischsteckziegel hochkant aneinandergelegt. Die äußere Rechteckform wird mit vielen Ranken und begleitenden Grünformen umwunden. Die Blüten werden flach, jedoch ohne den ihnen eigenen Charakter zu vermindern, hinzugesteckt. Für den oberen, flachen Teil der Stechmasse wird ein Maschendrahtstück mit rotem Papier bespannt, leicht rinnenförmig gebogen, und in das fertiggestellte Werkstück geklemmt. Die Früchte werden erst am Dekorationsort zugefügt.
FARBWIRKUNG	Rottöne unter sich! Rostrot, Mauve, Purpur, Pink bis zum Orangerot verweilen in sich. Bewusster Komplementärkontrast: Rot – Grün. Grün neutralisiert und schafft Ruhe, wird jedoch durch einen Tupfer Gelbgrün rebellisch und unterstreicht den frühsommerlichen Charakter der Arbeit.

Gefüllter Apfelkranz

GESTALTUNG Diese herbstliche Idee für eine individuelle und recht unkonventionelle Tischdekoration erfordert keinen großen Zeitaufwand. Farbe, Früchte und Blumen sind lässig miteinander kombiniert. Viele einzelne, fast vollkommene Apfelarrangements werden hier zu einer neuen Anordnung, sei es Kranz oder auch Reihung, gestaltet. Keine der Blüten erhebt den Anspruch, vollkommen zu sein oder sich als Individuum hervorzuheben. Es ist ein geselliges Zusammensein, in dem die Blüten miteinander zu kommunizieren scheinen.

WERKSTOFFE Blüten des Herbstes wie:
Sonnenhut (*Rudbeckia hirta*)
Dahlien (*Dahlia x hortensis*)
Rittersporn (*Delphinium*)
Garten-Hortensie (*Hydrangea macrophylla*)
Herbstanemone (*Anemone hupehensis* var. *japonica*)

TECHNIK Die Äpfel werden mittig ausgehöhlt, so dass ein Wasserröhrchen, das als Vase dient, in die Öffnung eingefügt werden kann. Die kurz eingestellten Blüten schwingen in ungezwungener Bewegung und zeigen, dass sie gern in Gesellschaft sind.

FARBWIRKUNG Das dominante Purpurrot der Äpfel erlaubt ein Spiel mit vielen Farben: Feuerrot, Kressrot, Orange, Rosa, Magenta, Violett. Farben intensiver Leuchtkraft haben durch einen gelungenen Quantitätskontrast Verbindung zu den Äpfeln, ohne dass dabei auf Komplementärkontraste verzichtet wird. Die Arbeit wirkt so trotz simpler Materialien spannend.

Federtanz

GESTALTUNG   Schwarz glänzende Federn laden Blüten ein, mit ihnen zu verweilen. Bei dieser Arbeit übernimmt der florale Werkstoff einmal nicht die Hauptrolle. „Freischwebend" über einem Edelstahluntersetzer kommen die Federn nicht mit Wasser in Berührung. So bleibt das Grundgerüst dauerhaft und kann für ständig wechselnde Dekorationen verwendet werden. Trotz der Farbe Schwarz strahlt das Werkstück eine enorme Vitalität aus, die von den wippenden, fast tänzelnd wirkenden Fritillarien ausgeht.

WERKSTOFF   *Fritillaria pyrenaica*

TECHNIK   Zwei schmale Maschendrahtringe unterschiedlichen Durchmessers werden flach mit Heu umwickelt und jeweils schuppenförmig mit Federn beklebt. Sie werden ineinander gestellt und mit Draht so miteinander verbunden, dass in der Mitte ein Spalt bleibt. Dieser neu entstandene, hochkantige Kranz wird an festen Stäben fixiert, die ein späteres „Schweben" der Federn über dem Wasser ermöglichen. Damit die *Fritillaria*-Blüten beim Einstellen nicht verrutschen, legt man in die Öffnung des Kranzes ein leichtes Drahtgewirr.

FARBWIRKUNG   Die schwarzen Federn bilden durch ihre glänzende Struktur und ihre Ausstrahlung ein perfektes Styling für die wachsartigen, schwarzroten Blüten. Schlichtes Metallgrau verschafft einen neutralen Auftritt und Grün lässt die Inszenierung natürlich wirken. Kleinste goldgelbe Farbnuancen der Fritillarien werden durch den Hintergrund wieder aufgenommen.

Hörnchen unter sich

GESTALTUNG Florale Tüten ähneln kleinen, tanzenden Hörnchen, die sich aneinander schmiegen. Jedes für sich ist individuell gestaltet. Eine Ansammlung einzelner dekorativer Elemente, die auch solo attraktiv sind, führt zu einem neuen Miteinander.
Der in sich symmetrisch gestaltete „Gefäßersatz" müsste durch die gleichmäßige Anordnung der Hörnchen zwar Ruhe ausstrahlen, wirkt jedoch durch die tänzelnde Bewegung der Zipfel lebendig und dynamisch. Farbe, Oberfläche und Form der Elemente locken die Blicke des Betrachters auf sich und stellen so die Eitelkeit des Werkstücks zufrieden. Aus jeder Perspektive kann Neues entdeckt werden.

WERKSTOFFE Aralie (*Aralia elata*), Blätter
Heu
Artemisia
Besenheide (*Calluna vulgaris*)
Zinnien (*Zinnia elegans*)
Chrysanthemen (*Dendranthema x grandiflorum*)
Dahlien (*Dahlia x hortensis*)
Früchte

TECHNIK Mit Hilfe von Myrtendraht werden Brautstraußhalter mit Heu umwickelt. Ein Draht, der bis ins Innere der Hörnchen geschoben wird, macht diese formbar.
Einige Hörnchen verlangen ein florales Kleid, das gewickelt und geklebt wird. Andere geben sich mit ihrer schlichten Grasoberfläche zufrieden. Die einzelnen Elemente werden mit Steckdraht aneinander befestigt und werden so standfest. Blüten und Früchte werden wie liegend angeordnet.

FARBWIRKUNG Warme Töne wie Glutrot, Bordeauxrot, Aubergine und Orangebraun, Farben mit gesättigter Intensität, harmonieren in dieser Arbeit mit der Kontrastfarbe Grün, die in abgeschwächter Farbaussage die begleitende Funktion übernimmt. Pink setzt kühlere Akzente und steigert die eingesetzten Farben zu noch mehr Feurigkeit. Verschiedene Farben werden im richtigen Mengenverhältnis gemischt: Durch die Wiederholung eines Farbtones mit anderem Helligkeitswert oder mit konträrer Oberflächenstruktur bilden die einzelnen Hörnchen optisch eine Einheit, auch wenn jedes für sich Geltung erlangt.

Blüten-Blumenvase

GESTALTUNG Inspiration – Blumenvase: Eine alltägliche Bezeichnung für einen Gebrauchsgegenstand wird beim Wort genommen und floral interpretiert. So entsteht ein neues Blumenvasenobjekt, gearbeitet aus vielen einzelnen Blütenköpfen. Gestaltung mit Blumen meint nicht nur die Entstehung von Werkstücken mit definierbaren Grundlagen, sondern soll auch durch Experimente mit Blumen, Farben und Formen neue Pforten öffnen. Bewusster Verzicht auf Bewegung lässt hierbei klar und eindeutig andere wichtige Kriterien der Gestaltungslehre überwiegen. Ein Minimum an Gestaltungsmitteln fördert ein Maximum an neuer Aussagekraft und vielleicht auch ein schmunzelndes Staunen.

WERKSTOFFE Blüten des Sommers

TECHNIK Eine simple Keramikvase wird mit Hilfe von Myrtendraht formbetont exakt umwickelt. Erst die technisch perfekte Unterlage schafft eine neue Blumenvase. Die Blüten werden mittels Draht- und Hafttechnik vom oberen Rand aus nach unten fixiert. Trotz des engen Aneinandersitzens der Blütenköpfe wirkt keine Blüte gepresst oder eingeengt. Die Stimmung eines Sommerblumenflors soll trotz neuer technischer Herausforderungen erhalten bleiben.

FARBWIRKUNG Die drei Grundfarben Rot, Gelb und Blau dienen als Basisfarbauswahl. Den farblich dominanten Part dieser bunten Farben übernehmen jedoch die Rot-, Kress-, Pink-, Orange- und Rosatöne. Gelb frischt die Arbeit durch Leuchtkraft auf und Schwarzblau, Violett und Lilatöne nehmen der Blütenvase die feurige Ausstrahlung. Wenige weiße Akzente verstärken den Hell-Dunkel-Kontrast der Gestaltung.

Wellenvase

GESTALTUNG Das Experimentieren mit Farben, Formen, Oberflächen und Techniken in der Gefäßgestaltung schafft interessante Aufgabenbereiche. Die handgefertigte, gewellte Vase lebt durch Originalität und Formgebung. Runde Formen wirken harmonisch und schmeicheln den eingefügten Blüten durch die Wiederaufnahme organischer Formen. Die entstandene Oberfläche erlaubt vielfältige Gefäßfüllungen unterschiedlichsten Charakters. Blumen und Vase steigern sich gegenseitig zu höchster Aussagekraft. Brauchen die Blüten die Vase, oder braucht die Vase die Blüten, um vollendet zu erscheinen?

WERKSTOFFE Perückenstrauch (*Cotinus coggygria* 'Royal Purple'), Blätter Flamingoblume (*Anthurium scherzerianum*)

TECHNIK Ein langes, rechteckiges Stück Maschendraht wird zu einer Wellenbewegung geformt und oval aneinander gefügt. Beide Enden werden mit einem biegsamen Draht verbunden. Der Boden der Vase erhält eine Befestigung mit Drähten, die kreuz und quer an den Kanten fixiert sind. Als technische Aufbaukonstruktion dient eine gekleisterte Papierummantelung. Ohne diesen Aufbau wäre ein Aufkleben der Blätter nicht möglich.

FARBWIRKUNG Die schwarz-rote Blattstruktur verstärkt durch ihre Farbe und wachsartige Oberfläche die leuchtende, blutrote und dominante Ausstrahlung der Blüten. Extravagant und erotisch sind die gesättigten Farben, unbestechlich scheinen Form und Glanz.

Herbstbild

GESTALTUNG Sehen, Sammeln, Suchen, Riechen, Fühlen, Schmecken: Bewusstes Gestalten setzt eine tiefe Verbindung mit der Natur voraus. Erst der bewusste Einsatz aller Sinnesorgane lässt uns die Schönheit der einzelnen Jahreszeiten erkennen. Ordnen, Bündeln, Verschachteln, Schuppieren, Gruppieren: Klar und neu geordnet können wir die Schönheiten der Natur dem Betrachter, vielleicht in einer ganz untypischen Form, wieder neu präsentieren. Vieles, was vorher nicht bewusst wahrgenommen wurde, erfährt in einem anderen Zusammenhang oder in reduzierter Umgebung erst die Aufmerksamkeit, die ihm zusteht.

WERKSTOFFE Wilder Wein (*Parthenocissus quinquefolia*)
Blüten und Früchte des Herbstes

TECHNIK Eine mehrfach verleimte Holzplatte erhält unregelmäßig verteilte Öffnungen, aus denen später Früchte und Blüten herausschauen. Diese Spalten werden aus Maschendraht geformt und auf das Holzbrett getackert. Auf das so vorbereitete Bild werden in mehreren Schichten gebügelte Weinblätter gekleistert. Durch das über- und ineinander Schichten entsteht eine interessante Struktur. Die Wasserversorgung der Blüten wird durch feuchte Steckmasse gewährleistet, die in die Öffnungen auf Folie gelegt wird. Blüten und Früchte werden locker in die Öffnungen gelegt oder gesteckt.

FARBWIRKUNG Warme Farbtöne vermitteln Herbststimmung. Die Möglichkeit, durch Kombinieren von verschiedenen Farben ganz bestimmte, im Voraus beabsichtigte Reize zu erzeugen, verringert den Zufallseffekt und zeugt von der Macht der Farben. Das mengenmäßig dominierende Rotbraun schafft eine morbide, gedämpfte und doch noch leicht feurige Stimmung, die ein Farbspiel von Gelb, Apricot, Orange, Rosé, Magenta, Glutrot bis hin zu Kontrasten mit Grün und Violett zulässt.

Pink and friends

GESTALTUNG	Die Vasenformation der gespachtelten Quader gibt einheitlichen Blüten Raum, sich zu entfalten. Es sind simple Gartenblumen, die sich hier als Solos präsentieren und ihre Farbenpracht zeigen. Spannung erfährt die Blütenreihung durch Proportionsabweichungen, einen interessanten Kontrast zwischen geometrischen Formen und dem Gegensatz leicht-schwer.
WERKSTOFFE	Dahlien (*Dahlia x hortensis*) Hafergras (*Avena*)
TECHNIK	Trockenschaumziegel werden in die gewünschte Größe geschnitten. Die Bodenplatte wird mit Blei beklebt. In den Ziegeln muss oben eine Einkerbung für Glasröhrchen vorgesehen werden. Die simplen Blöcke werden dünn mit Spachtelmasse bestrichen, getrocknet und farbig lasiert.
FARBWIRKUNG	Verwaschene Rot, Rosa, Magenta, Violett und Purpurtöne harmonieren miteinander. Sie strahlen Feurigkeit, aber auch eine gewisse Kühle aus. Obgleich die einzelnen Farbtöne ungesättigt sind, steht klar und deutlich die Farbe Rot im Vordergrund.

GESTALTUNG Der kleine Brautstrauß ist puristisch in Werkstoff- und Materialauswahl, symmetrisch in der Grundform. Die Blütenverarbeitung vermittelt einen leicht biedermeierhaften, verspielten Eindruck, der dem Strauß etwas Bräutliches verleiht. Nichts wirkt herausfordernd, nichts extravagant. Ein Werkstück, das seine Vollkommenheit erst in Verbindung mit der Braut erreicht. Braut und Strauß gehen eine Symbiose ein – so soll es immer sein.

WERKSTOFF Windröschen (*Anemone hupehensis*)

TECHNIK Drei einzelne Elemente werden zu einem Strauß zusammengefügt:
Eine gedrahtete und getapte Blütenkuppel aus Anemonenknospen, ein versilberter Metallreif, der an seiner Innenseite mit Steckdrähten fixiert wird und ein rockähnlicher Engelshaaraufbau, der zunächst aus abgespultem Wickeldraht geformt wird. Dieser erhält dann hinten eine Öffnung und wird mit Engelshaar locker umschlungen. In der Öffnung oben wird ein provisorischer Stiel aus drei Steckdrähten angebracht. Die hintere Öffnung, in der die einzelnen Drahtstiele zusammengefügt werden, dient als Tragegriff, so dass die Hand der Braut im Strauß steckt - also eine optimale Verbindung zwischen Braut und Strauß. Der Strauß wird eng am Körper getragen, um optisch mit der Braut eine Einheit zu bilden.

FARBWIRKUNG Farbe und Nichtfarbe verbinden sich zu einem festlichen Ganzen. Nichts wirkt blendend. Zartes, pastellfarbenes Rosé, oft als zu lieblich heruntergewürdigt, erhält hier eine perfekte Aufgabe.

Rosentasche

GESTALTUNG Blüten, ob lang und ausladend oder kurz zusammengefasst in einer geschlossenen Einheit mögen Behältnisse, die es ihnen erlauben, sich zu entfalten. Ist eine übermäßig große Auswahl vorhanden, steht dem Gestalter vielleicht der Sinn danach, etwas anderes, neues zu entwerfen. Farben und Oberflächen von Pflanzen können dazu inspirieren, Alltägliches – wie hier eine Taschenform – mit nicht alltäglichen Dingen zu gestalten. Nichts Tiefgründiges muss es sein, vielleicht eher der Wille, sich lösen zu können vom Althergebrachten, um ungewöhnlichen Dingen einen neuen Namen zu geben. Die Grundform der eigenen Einkaufstasche, deren Henkel hier bewusst weggelassen werden (obwohl auch diese der Gestaltung zusätzlichen Reiz geben könnten), wird blumig bzw. blättrig umgesetzt.

WERKSTOFFE Wollziest, Eselsohr (*Stachys byzantina*)
Rosen (*Rosa,* verschiedene Sorten)
Beiwerk

TECHNIK Eine simple Einkaufstasche wird innen fest mit Papier ausgeformt, die Henkel werden eingezogen und die seitlichen Zipfel zusätzlich mit Heu und Myrtendraht geformt. Stabilität kann ein flaches Bleirechteck bringen, das von unten gegengeklebt wird. Ein Kunststoffeinsatz, unten mit Steckmasse gefüllt, sorgt für eine optimale Wasserversorgung der Blüten und ermöglicht ein einfaches Austauschen der Dekoration. Diese neue „Gefäßform" ist auch für Pflanzen, Früchte und andere dekorative Elemente bestens geeignet.

FARBWIRKUNG Neutrales, zurückhaltendes Grau übernimmt die dominante Rolle. Es präsentiert Weinrot, Kressrot und Lachsrot in einem neuen Umfeld. Durch den bewusst eingesetzten Quantitätskontrast wird eine sehr weiche, subtile Stimmung erzeugt, die nur im Zusammenspiel mit Oberfläche und Farbe der grauen Blätter möglich ist. Wäre die Tasche von hellgrünen Blättern umgeben, würden die Rosen an Aussage und Eigenwirkung verlieren, da der Kontrast viel größer wäre.

Zweigkorb

GESTALTUNG — Ein korbähnliches Gefäß entsteht durch das Ineinanderflechten der Zweige, deren kreuz und quer gewachsene Bewegungen eine neue Form erhalten. Die symmetrische Grundform lebt von ihrer Eigenwirkung. Die Aussage dieser Gestaltung kann bewusst nur mit ganz reduzierter Materialauswahl vollkommen sein. Konsequenz in Farbe und Form ist Voraussetzung. Der Grundriss strahlt die stille Ruhe eines schönen Spätsommertages aus, und trotzdem ist durch die Farbe der kommende Herbst mit seinen warmen und feurigen Farbstimmungen zu erahnen. Einzelne, dominante Bewegungen und Formen werden optisch miteinander verbunden. Sie steigern sich gegenseitig zu mehr Aufsehen, ohne miteinander zu konkurrieren. Die Arbeit wäre ohne den jeweilig hinzugefügten Werkstoff weniger inspirierend.

WERKSTOFFE — Dahlien (*Dahlia x hortensis*)
Pfaffenhütchen (*Euonymus europaeus*)

TECHNIK — Aus stabilen und doch biegbaren Zweigen wird eine korbähnliche Grundform mit Rebdraht geknotet. Durch ineinander geschobene Äste, die an einigen Fixpunkten miteinander verdrahtet werden, entsteht ein Korb, der nach oben Freiraum für Blüten lässt. Diese werden in einem transparenten Gefäß mit Wasser versorgt.

FARBWIRKUNG — Die Farbe der *Euonymus*-Fruchtstände wird bewusst wiederholt: Pink, Rosa, Orange. Die Natur ist hier Vorbild für ungewöhnliche Farbkonstellationen, die Mut zur Farbe machen sollen. Nutzen wir die Vielfalt der natürlichen Farbgestaltung, um von schematischen, theoretischen Vorgaben frei gestalterisch tätig zu sein! Bei der Farbkombination kommt die Frage auf: Wirkt Rosa hier kühl oder in Kombination mit dem feurigen Gelb und Kress der Dahlien ebenso feurig?

Herzbild

Orange

GESTALTUNG Pflanzlicher Werkstoff tritt bei dieser freien Arbeit zugunsten der Symbolik in den Hintergrund , wird aber gleichzeitig durch die Reduktion wieder wirkungsvoll in den Vordergrund gerückt. Herz und Rose, zwei Begriffe, die unumstritten seit Jahrhunderten zusammen gehören, werden in zeitgemäßer Aussage neu zusammengefügt. Es ist ein symmetrischer Grundaufbau, der jedoch durch die ungleich geformten, einzelnen Herzen eine interessante Struktur zeigt.

WERKSTOFFE Englische Rose (*Rosa* 'Abraham Darby')
Nudelherzen

TECHNIK Die Nudelherzen werden in farbige Spachtelmasse gedrückt. Die Vasenhalterung für die Rose wird aus Glasröhrchen und Schlagmetallplatte hergestellt.

FARBWIRKUNG Warmes Orange macht diese Arbeit lebhaft und sogleich sinnlich. Statt Rot, der klassischen Farbe der Leidenschaft, wirkt das abgetönte Orange weicher, vielleicht aber auch feuriger.

Buchenformation

GESTALTUNG Biegsame Zweige dienen als Grundkonstruktion für eine interessante Gestaltung mit wenig Blüten. Konzentration auf Farbe, Formenaussage und die Reduktion der Werkstoffe erregen manchmal mehr Aufmerksamkeit als ein Zuviel an Blüten. Raum, Ort und Anlass lassen dem Gestalter die Freiheit, in der Wahl der Werkstoffe auf Architektur und Umgebung einzugehen. Ein Buchenobjekt, geschaffen für den hier gewählten Hintergrund, aber auch im Dekorationsbereich als Element frei im Raum installiert, ist immer eine Möglichkeit für eine gekonnte Inszenierung. Frische Zweige trocknen ein, verlieren jedoch dadurch nicht ihren Reiz und kontrastieren und harmonieren durch den jeweiligen Einsatz der gewählten Blütenfarben.

WERKSTOFFE Kaiserkrone (*Fritillaria imperialis*)
Buchenzweige (*Fagus*)

TECHNIK Die runde, fast tropfenähnliche Form entsteht ohne jegliche technische Unterkonstruktionen. Für den Grundaufbau werden biegsame Buchenzweige im zeitigen Frühjahr vor dem Austrieb geschnitten. Diese werden für den oberen Teil der Arbeit kreuzförmig ineinander verkeilt und mit kurzen Drahtstücken, die farbig mit dem Naturton der Buchenzweige harmonieren, fixiert. Die Gesamtform entsteht durch Verschachteln und senkrecht Anknoten der Zweige. Um eine gute Stabilität des Grundaufbaus zu gewährleisten, werden weitere Stäbe in „Kreuz-und-Quer-Technik" dazwischengeflochten. Glasröhrchen dienen der Wasserversorgung der Blüten.

FARBWIRKUNG Warme Farbstimmung entsteht durch feurig leuchtende Orangetöne. Neutralisierend und harmonisch fügt sich das mengenmäßig dominierende Braun in diese natürliche Stimmung ein. Zwei Farben, die miteinander ohne farbliche Begleitung sonst oft bieder wirken, steigern sich hier durch bewusste Reduktion gegenseitig.

Orangenvase

GESTALTUNG   Orangen inspirieren durch ihre Farbe und Oberfläche, Objekthaftes zu gestalten. Diese Orangenvase will den Betrachter zum Schmunzeln bringen und zeigen, wie man mit alltäglich erscheinenden Materialien Aufmerksamkeit erregen kann. Das Werkstück bietet auch im getrockneten Zustand eine ästhetische Möglichkeit der Blüteninszenierung, es besitzt dann jedoch einen weniger explosiven Ausdruck.

WERKSTOFFE   Dahlien (*Dahlia x hortensis*)
Orangen, Schalen

TECHNIK   Eine Trockensteckkugel wird unten etwas abgeflacht und mit einem kleinen Bleiquadrat beklebt, um eine bessere Standfestigkeit zu erzielen. In die Mitte der Kugel wird ein Wasserröhrchen gebohrt, das später als Vaseneinsatz für die Blüte dient. Die Kugel wird nun schuppenförmig in „Puzzletechnik" mit Orangenschalen beklebt. Ein Überschneiden der Schalen verhindert, dass beim Eintrocknen der technische Aufbau zu sehen ist.

FARBWIRKUNG   Die explosive Orange-Gelb-Kressrot-Aussage dieses Werkstücks dient dem Prinzip der Aufmerksamkeit. Kräftige Farben können locken, aufheitern und den Blick ganz gezielt durch ihre starke Intensität auf sich lenken. Der Hintergrund dient dem perfekten Styling und verbindet das Kress mit dem Orange. Das Orange der Vase hinterlässt den Eindruck eines glühenden Balls, der durch Hinzufügen der Dahlie eine feurige Kraft erhält.

Carex gebündelt

GESTALTUNG Braunes Seggengras schafft einen exotischen Rahmen für eine neue Art Pflanzgefäß. Charakter und Bewegung der *Carex*-Staude eignen sich hervorragend zum Gestalten natürlicher Formen, zumal die Staude auch im eingetrockneten Zustand ihren Reiz behält. Lässigkeit und Transparenz lassen wenige Pflanzenbewegungen bewusst optisch hervortreten und ermöglichen ein Hineinschauen ins Innere des neuen Topfes.

WERKSTOFFE Segge (*Carex flagellifera*)
Orchidee (*Brassia caudata*)

TECHNIK Ein flacher Untersetzer wird hochkant mit Trockensteckmasse ausgefüllt, mit Sisalfasern umwunden und befestigt. In die Mitte des Blocks wird ein Loch für ein Pflanzgefäß geschnitten, das der Orchideenbepflanzung dient. Das Grasgefäß wird nun aus einzelnen, angedrahteten Büscheln, die ringsum gesteckt werden, gefertigt. Eine windende Grasbewegung bildet den optischen Abschluss des Gefäßes.

FARBWIRKUNG Leuchtendes Orange erhält einen ansprechenden Rahmen im dunkler abgetönten Farbbereich. Eine warme Ausstrahlung geht von der Wahl der kombinierten Farben aus. Ein starker Quantitätskontrast lässt die orangefarbenen Orchideen noch mehr herausstechen und deshalb extravaganter aussehen.

Weidenbündelung

GESTALTUNG Gebündelte Weidenstäbe werden zu einem interessanten, linienbezogenen Gefäß geformt. Die entstandene Schale mit bootähnlichem Charakter eignet sich für unterschiedlichste Gestaltungen. Als Pflanzgefäß für innen zur Tisch- oder Fensterbank-Dekoration ergeben sich zahlreiche Möglichkeiten, mit ein und derselben Grundkonstruktion eine komplett neue Aussage zu kreieren. Oft dient der Aufbau als Basis für kleinere Gefäßeinheiten, in denen die Blüten und Pflanzen als Miniaturen individuell mit vielen anderen Gesellschaft finden. Die Lust des Neugestaltens wird durch solche Basisgerüste geweckt.

WERKSTOFFE Ranunkeln (*Ranunculus asiaticus*)
Stiefmütterchen (*Viola x wittrockiana*)
Sonstige Frühlingsblüher

TECHNIK Die Weidenstäbe werden längs, im Wechsel mit Zweigspitze und Schnittstelle, aneinander gereiht und beidseitig mit Wickeldraht an den Enden fest zusammengebunden bis eine Bootform entsteht. Blüten und Pflanzen werden in Miniaturtöpfen präsentiert - gelegt, gestreut oder gesteckt.

FARBWIRKUNG Warme, explosive Farben wie Orange, Gelb und deren Nachbarfarben bestimmen den frühlingshaften Ausdruck dieser Arbeit. Eine intensive Leuchtkraft entsteht durch den ruhigen, neutralen, braunen Weidenaufbau. Die Menge der einzelnen Farben und violette Akzente geben der Arbeit eine vitale, fast aufdringliche Wirkung.

Zwiebeltopf

GESTALTUNG Ein Gefäß aus kleinen Steckzwiebeln lässt aus seinem Innern ein zartes Frühlingserwachen erscheinen. Vorsichtig erobern die ersten Blüten die Oberfläche. Das Gefäß ist nach der Entstehung nicht fertig, sondern die Zwiebeln treiben weiter und die ersten Sprosse wachsen dem Licht weiter entgegen. Gegen Ende des Sommers entsteht durch Zufuhr von Luftfeuchtigkeit ein lustiges Treiben um die obere Füllung. Aufgabe und Zweck des Zwiebelgefäßes ist es, immer wieder neue Blüten und Pflanzen aufzunehmen und zu umspielen.
Auch ohne Blütenfüllung ist das Gefäß ein optischer Blickfang, interessant durch Struktur und Farbe, ohne zu sehr formgebend in den Vordergrund zu treten.

WERKSTOFFE Steckzwiebeln
Maßliebchen (*Bellis perennis*)
Stiefmütterchen (*Viola x wittrockiana*)
Duftveilchen (*Viola odorata*)
Elfenblume (*Epimedium alpinum*)
Schachbrettblumen (*Fritillaria meleagris*)
Sisalfasern

TECHNIK Ein konischer Tontopf wird durch Aufsetzen eines Strohrömers in der Formgebung aufgewertet. Der neue Unterbau wird dünn mit Heu umwickelt, um einen technischen Haftgrund für die aufgeklebten Zwiebeln zu bilden. Äußerste Präzision und gleichmäßiges Aufbringen der Zwiebeln erfordert viel Zeit. Die Zwiebeln werden trotz des Klebens nicht in ihrer Keimfähigkeit gehindert. Nach Fertigstellung wird das neue Gefäß von innen ausgekleidet und im oberen Bereich mit frischer Steckmasse bis zur Gefäßkante gefüllt. Die gesteckten Blüten werden so optimal mit Wasser versorgt.

FARBWIRKUNG Zurückhaltende Naturtöne der Zwiebelschale erlauben ein Spiel mit vielen Farben. Helle, neutrale Sisalfasern schaffen die Verbindung zu den weißen, keimenden Spitzen der Zwiebeln und nehmen behutsam Terrakottatöne (Orange, Braun, Rot, helles, weiches Gelb) und Magentatöne auf. Um die Farbgestaltung nicht zu harmonisch und bieder wirken zu lassen, wird ein Akzent mit violetten *Viola* gebildet, die zwar den gleichen Helligkeitswert haben, aber durch den Komplementärkontrast zu den Orange-Gelb-Tönen die Farben des Frühlings aufnehmen und die Arbeit optisch reizvoller werden lassen.

Die Farben der Natur

Naturtöne werden oft nicht beachtet, werden übersehen wegen ihrer zurückhaltenden Ausstrahlung. Doch sind es Farben, deren Vielfältigkeit im Pflanzenbereich unendliche Ausmaße annimmt. Das Farbspektrum der sogenannten Naturtöne umfasst Oliv, Grau, Mokkabraun, Cremeweiß und holzfarbene Töne, deren Wirkung um so größer ist, je mehr Sonnenlicht sie erfassen. Naturtöne sind perfekte Begleiter für farbige Pflanzen, die sich noch wirkungsvoller in einem natürlichen Rahmen präsentieren lassen. Aber auch als Solofarbe strahlt Braun, Grau oder Olivgrün in eigentümlicher Schönheit, oft vom Gestalter bewusst in Verbindung mit interessanten Oberflächen in Szene gesetzt.

Ähren und Früchte

GESTALTUNG Ländliche, traditionelle Symbole wie Ähren und Früchte bestimmen die Aussage dieser Arbeit. Doch nicht Rustikalität spiegelt sich wider, sondern zeitlose Eleganz, deren Schönheit bewusst in reduzierter Form verewigt wird.
Eine optisch schwer wirkende Schale wird erhöht präsentiert und erhält dadurch eine gewisse Leichtigkeit und eine ganz neue Wichtigkeit. Spannung entsteht durch bewusst über die Norm hinausgehende Maße. Simple Materialien wie Ähren – oft übersehen – bestechen das Auge durch Struktur und zurückhaltende Farbe.

WERKSTOFFE Weizenähren
Alles, was der Herbst an „Früchtchen" zu bieten hat

TECHNIK Eine Halbkugel aus Styropor wird mit hunderten von Ähren beklebt. Durch das Kreuz-und-Quer-Verschachteln, Ineinanderfügen, Übereinanderlegen, Aneinanderreihen und Zueinanderfügen entsteht eine neue Einheit. Die Früchte werden flach proportioniert in die auf Eisenstäbe gesteckte Schale gestreut.

FARBWIRKUNG Naturtöne schaffen Raum für explosives Orange und Rot, das wie loderndes Feuer wirkt und herbstliche Stimmung erzeugt.
Die neutrale, mengenmäßig dominierende Farbe der Ähren fügt sich in unterschiedlichste Räumlichkeiten ein und lässt trotzdem Freiraum für interessante Farbspielereien, die durch geringe Mengenanteile höchste Aufmerksamkeit erregen.

Flechten-Pflanzschale

GESTALTUNG — Eine im wahrsten Sinne herausragende Outdoorbepflanzung, die Farbe und Stimmung des Pflanzgefäßes wieder aufnimmt, ohne gewöhnlich zu wirken. Das Gefäß dient hier der technischen Stabilität und nicht zur eigentlichen Bepflanzung. Eine eigens gefertigte Halbschale mit breiter Krempe nimmt die asymmetrische Bepflanzung auf und verschafft den ausschweifenden Bewegungen Raum, sich zu präsentieren. Als Füllung eignen sich alle windenden, flächigen, ausschweifenden und sammelnden Sommerpflanzen, die es lieben zusammengepflanzt eine neue Einheit zu bilden.

WERKSTOFFE — Flechten (Lichenmoos, *Parmotrema*)
Sommerpflanzen wie
Rosenkelch (*Rhodochiton atrosanguineum*)
Strohblume, einjährig (*Helichrysum bracteatum*)
Pfeifenwinde (*Aristolochia macrophylla*)

TECHNIK — Der technische Unterbau aus festem Bambus und Schilfgräsern wird im Gefäß fest verankert. Der Schalenaufbau besteht aus geformtem Draht, der mit Streben verstärkt wird. Das Lichenmoos wird aufgeklebt und das Innere der neuen Schale mit Kokospflanzmatten ausgelegt. Damit wird ein späteres Auswaschen der Erde verhindert, ohne das Absickern des überschüssigen Wassers zu beeinträchtigen. Die vorbereitete Flechtenschale wird in Kreuz- und Quertechnik mit Bambusgräsern verstrebt. Die Pflanzen werden in die Kokosfaseröffnung eingesetzt.

FARBWIRKUNG — Neutrale Farben wie Grau und Grün lassen ein vielfältiges Spiel mit Farben zu. Ein sommerliches Gelb wirkt hier durch den schlichten Farbaufbau der Schale noch leuchtender. Grundfarben wie Rot und abgeschwächtes Blau in Form von hellem Violett schaffen einen Dreiklang, ohne zu explosiv zu wirken. Magenta und Pink zusammen mit Rot nehmen eine dominante Position gegenüber Gelb ein und kontrastieren mit Grün, das der Arbeit Frische verleiht.

Tüten-Tischdekoration

GESTALTUNG Eine Aufreihung von naturfarbenen Tüten, jede mit individueller Füllung und eigener Aussage, lässt die Tischdekoration lässig, unkonventionell und ein wenig frech wirken. Es entsteht eine spätsommerliche, natürliche Wirkung, wobei die Schlichtheit der Blumen und deren Anordnung eindeutig im Vordergrund stehen.

WERKSTOFFE Hagebutten
Besenheide (*Calluna vulgaris*)
Zinnie (*Zinnia elegans*)
Lampionblume (*Physalis alkekengi*)
Sonstige Blüten des Spätsommers

TECHNIK Filtertüten werden von unten mit einem Bleistückchen beschwert und dann mit unterschiedlichen Früchten gefüllt. Bei den Blütenfüllungen dient Frischsteckschaum als Unterlage.

FARBWIRKUNG Eine lebhafte, warme, herbstliche Farbstimmung entsteht durch die Auswahl von Orange, Rot, Pink, Violett und Auberginetönen. Als neutrale Farbe dient Braun, so dass ein optimaler Bezug zwischen dem Tisch und den unterschiedlich gefüllten Tüten entsteht. Farben mit intensiver und abgeschwächter Leuchtkraft lassen die Reihung natürlich wirken, auch ohne Grün. Jede Tüte wirkt farblich wie ein kleiner Ausschnitt der Farbkugel.

Heuzipfelgefäß

GESTALTUNG Getrocknetes Gras, objekthaft gestaltet, bildet die Grundlage für dieses florale Gefäß. Eine neue Form entsteht durch viele, lange Heuwülste mit zipfeligen Endstücken. Ein Gefäß, das für die Aufnahme vieler Gestaltungsarbeiten bereit ist – ob naturhaft lässig, verwunschen, streng formiert oder mit wenigen Einzelblüten oder Pflanzen bestückt. Ein bewusster Kontrast zu diesem ländlichen Werkstück entsteht durch eine edle Umgebung; aber auch in rustikaler Umgebung fühlt sich Ländliches wohl. Die bewusste Szenerie und Aussage der Arbeit wird vom Gestalter bestimmt.

WERKSTOFF Viel, viel Heu und Blüten des Sommers

TECHNIK Drei lange Heuwülste, die auf einen Zaundraht gewickelt werden, bilden den Grundaufbau. Diese werden mittig überkreuz fixiert und dann in Form gebogen. Zwischen diese Wülste werden weitere kurze, gewickelte Heuzöpfe mit Draht gestochen. Der Draht sollte gegengesteckt werden und stark genug sein, um die Zipfel fest in die passende Position stellen zu können. In die Öffnung des Heuobjektes wird ein simples Gefäß zur Aufnahme von Blüten und Pflanzen eingestellt.

FARBWIRKUNG Neutrales, verwaschenes Olivgrün dient als Basis, um eine Farbfamilie von ungesättigten Rosa-, Kress-, Apricot- und Orangetönen aufzunehmen. Hinzugefügt wird eine Prise Gelb und Violett, sowie ein Akzent reines gesättigtes Glutrot, um der Arbeit Spannung zu geben und ihr mehr Frische und Leben zu verleihen. Interessante Farbgestaltungen zu kreieren bedeutet, Mut zu ungewöhnlichen Kombinationen zu haben.

Schalenstrauß

GESTALTUNG   Eine symmetrische, runde Schale aus *Clematis*-Fruchtständen dient als Grundkorpus für diesen stehenden Strauß. Das Miteinander von Blütenfarben und Strukturen ist die Hauptaussage dieses Werkstückes. Schlichte Formgebung schafft ein ruhiges, harmonisches Gesamtbild, das in sich ausgewogen und trotzdem interessant wirkt.

WERKSTOFFE   Mongolische Waldrebe (*Clematis tangutica*), Fruchtstände
Schmuckkörbchen (*Cosmea bipinnatus*)
Ballonblumen (*Platycodon grandiflorum*)
Englische Rosen (*Rosa*, verschiedene Sorten)
Strohblumen (*Helichrysum bracteatum*)
Silberblatt/Kreuzkraut (*Senecio cineraria*)

TECHNIK   Für den Grundaufbau wird abgespulter Wickeldraht zu einer Schale mit Öffnung geformt und mit Fruchtständen beklebt. Die Blüten werden mit Stiel durch die Öffnung gezogen und verbinden sich somit zu einer neuen Form, die auf „eigenen Beinen" steht.

FARBWIRKUNG   Rosarote Pastelltöne und ihre zarten Nachbarn werden von flauschigem Creme-Grau optisch gehalten – eine unverfängliche Ausstrahlung, die den Charakter der Fruchtstände verstärkt, jedoch nicht überbietet. Farbtöne in ein und derselben Helligkeitsstufe lassen sich beliebig miteinander mischen, ohne sich gegenseitig in ihrer Wirkung zu beeinträchtigen. Ein purpurroter Akzent bringt jedoch Leben in die Arbeit und zieht das Auge magisch an.

Taschenarbeit

GESTALTUNG Verschiedene floral gearbeitete Taschen werden in einer Reihe aneinandergefügt. Das Verbinden der schmalen Grundaufbauten bewirkt eine gute Standfestigkeit. Dadurch entsteht die Möglichkeit, diese Taschenidee für Tischdekorationen, mit unterschiedlichen Blüten gefüllt, zu nutzen. Auch für die Fensterbank bietet diese Pflanzenpräsentation eine interessante Alternative zu normalen Gefäßen.

WERKSTOFFE Rosmarin (*Rosmarinum officinalis*)
Mühlenbeckie (*Muehlenbeckia axillaris*), frische und trockene Ranken
Schleierkraut (*Gypsophila paniculata*)
Hanf
Heu
Englische Rosen (*Rosa*, verschiedene Sorten)
Zinnie (*Zinnia elegans*)
Schafgarbe (*Achillea millefolium*)
Sonstige Sommerblüten

TECHNIK   Rechteckige Maschendrahtstücke werden mit verschiedensten Materialien und Werkstoffen einseitig umwickelt, nach Fertigstellen zusammengeklappt und an den Seiten mit Draht genäht, so dass ein Taschenformat entsteht. Die einzelnen Taschen werden nun mit stabilen Stäben beidseitig miteinander verbunden. Die Öffnung der Taschen wird mit fester Folie ausgelegt, damit kein Wasser auslaufen kann. Für die Blüten- und Pflanzenfüllung bieten sich Steckmasse oder kleine, einfache Gefäße an.

FARBWIRKUNG   Neutrale Farbtöne wie Creme, Weiß, Braun, Olivgrün, Grau und sattes Tannengrün bilden durch ihren Hell-Dunkel-Kontrast einen interessanten farblichen Grundaufbau, ohne jedoch zu viel Aufmerksamkeit auf sich zu ziehen. Pastellige Töne mit annähernd gleichen Helligkeitswerten geben eine höchst subtile Stimmung. Nichts will dominieren. Nichts will in dieser floralen Einheit farblich ausbrechen.

Klettentunnel

GESTALTUNG Ein Kranz – bewusst in die Länge gezogen! Die kreisende Formation erzeugt trotz des symmetrischen Grundaufbaus eine starke optische Bewegung. Materialien, die uns die Natur gibt, werden wegen ihrer neutralen Farben, ihrer scheinbaren Unauffälligkeit oft übersehen. Überziehen wir sie mit dominanteren Pflanzen, erleben wir die Schlichtheit neu und in einem unübertroffenen Reiz. Das Einfache wird zur Basis der Vielfältigkeit an Formen und Farben, setzt sie in Szene, lässt sie strahlen. Das dauerhafte Grundgerüst kann durch die Wasserröhrchentechnik immer wieder mit frischen Blüten erneuert werden. Eine solche Gestaltung wirkt als Tischdekoration sehr effektvoll. Dort sollten jedoch Blüten mit weniger starkem Bewegungsdrang verwendet werden, damit der Blickkontakt zwischen den Tischgästen nicht behindert wird.

WERKSTOFFE
Klettenlabkraut (*Galium aparine*)
Ranunkeln (*Ranunculus asiaticus*)
Laternenlilie (*Sandersonia aurantiaca*)
Elfenblume (*Epimedium pinnatum*)
Schopflavendel (*Lavandula stoechas*)
Schneeball (*Viburnum opulus*)
Bärengras (*Xerophyllum asphodeloides*)

TECHNIK Aus Maschendraht wird eine Röhre geformt. Das Grundgerüst wird mittels Draht mit Klettenranken ohne weitere Hilfsmittel umwunden. Die Wasserröhrchen müssen in der oberen Wölbung zwischen Maschendraht und floralem Material eingeklemmt werden. Unkonventionell sind die Blüten eingestellt, schwingende Gräser bringen Verbindung.

FARBWIRKUNG Die dominante, naturfarbene, verwaschene Röhre ist optimal bereit, viele Farben aufzunehmen, die jedoch nicht rein und grell sein sollten. Subtiles, morbides Braun schafft Raum für Leben und Farben.

Ist es Mut zur Farbe oder einfach nur das Können, unterschiedlichste Farben stilsicher miteinander zu kombinieren? Staunen – Überraschung – oder Entsetzen? Individuelle Farbempfindungen, Erlebnisse, Gefühle und Spontaneität, aber auch die intensive Lehre der Farbtheorie schaffen farbliche Szenarien besonderer Art. Vielfarbige Gestaltungen werden häufig mit einem Abwinken einfach nur als bunt bezeichnet. Voraussetzungen für eine gelungene Zusammenstellung sind oft die richtige Quantitätsmischung einzelner Töne und das Vermischen der Grundfarben mit ihren Nachbarschaftsfarben im ungesättigten Farbbereich. Geringe Akzente aus dem Komplementärbereich in Kombination mit neutralen Tönen lassen eintönige Farbzusammenstellungen vital wirken. Bei der floralen Gestaltung liegt dieses „gewisse Etwas" einer Arbeit meist im Hinzufügen von verschiedenen Füllwerkstoffen, die die einzelnen Farben miteinander verbinden.

Die Bunten

Märchentopf

GESTALTUNG   Blüten, Formen und Farben dieses gefüllten Märchentopfes unterliegen dem Charme des Gefäßes. Durch bewusstes Vermeiden von Bewegungen erlaubt dieses handgemachte, verwitterte Gefäß leichte Farbspielereien. Die Blüten im Gefäß wollen sich magisch-florale Geschichten erzählen. Durch einige mutige Farben versuchen sich Einzelcharaktere aus dem Vielerlei der diffusen Farben zu lösen, doch der Märchentopf scheint sie alle aufzunehmen und zu fassen. Eine nicht übertriebene florale Anordnung ist für diese Arbeit wichtig. Farben und Strukturen sollen zu einem harmonischen Stimmungsbild miteinander verbunden werden.

WERKSTOFFE   Elfenblume (*Epimedium alpinum*)
Salbei (*Salvia officinalis*)
Narzissen (Sorte: 'Tête à Tête')
Wolfsmilch (*Euphorbia*)
Ranunkeln (*Ranunculus asiaticus*)
Stiefmütterchen (*Viola x wittrockiana*)
Sonstige blumige Topfbewohner

TECHNIK   Das Gefäß wird im oberen Bereich mit Frischsteckmasse gefüllt.
Die Blüten erscheinen in gezielter Anordnung wie gesammelt und spielerisch ineinanderlaufend. Nichts wirkt gewünscht oder gestylt. Nichts tritt in Konkurrenz miteinander.

FARBWIRKUNG   Die Ornamentfarben des Gefäßes werden dezent aufgenommen. Es entsteht ein Spiel von verschiedenen Hell-Dunkel-Kontrasten, Nachbarschaftsfarben und dem Farbcharakter verschiedenster gesammelter Blüten. Jede Blüte scheint sich mit der anderen farblich in irgendeiner Weise zu verbinden.

Blumenquader

GESTALTUNG   Spielereien mit Farben, Raumgegebenheiten und Dekorationselementen schaffen unendlich viele Möglichkeiten, Blüten und Blätter in ungewohnter Weise darzustellen. Oft dienen solche Experimente zur neuen Form- und Darstellungsfindung von Blüten oder sie inspirieren zur Präsentation architektonischer Elemente und greifen raumgestalterische Aussagen mit leichtem Augenzwinkern wieder auf.

WERKSTOFFE   Blüten, die sich mit geometrischen Formen anfreunden können wie
Hortensie (*Hydrangea macrophylla*)
Sommer-Schleierkraut (*Gypsophila elegans*)
Besenheide (*Calluna vulgaris*)
Dahlie

TECHNIK Ein quadratischer Bleiuntersetzer dient als technische Basis für frische Steckmasseblocks, die exakt quadratisch mit Blüten ausgesteckt werden. Besprühen mit Wasser hält das Werkstück frisch.

FARBWIRKUNG Der Blütenquader lebt durch das Zusammenwirken gesättigter und ungesättigter Farben im Hintergrund. Erst die Wandgestaltung bringt Spannung und Reiz durch die Wiederholung der Farben im pflanzlichen Bereich.

Blütentischtuch

GESTALTUNG Alltägliche Dinge wie eine „Decke aus Blüten" werden wörtlich genommen. Mit natürlichen Blüten wird ein Tisch neu verkleidet. Diese Arbeit soll die Blicke auf sich ziehen, ob in oder vor einem Geschäft dekoriert oder auf einer Terrasse mit einem großen Windlicht in Szene gesetzt. Das Loslösen von Althergebrachtem kann uns ein Schmunzeln entlocken, neugierig machen oder unsere Wertschätzung von Blüten im Sommer steigern. Einfachste Sommerblüten wie Storchschnabel, Strohblumen, *Nigella*, *Tagetes* haben in dieser Arbeit ihren großen Auftritt, ohne aufdringlich zu wirken. Auch wenn die Blüten eintrocknen verliert das Objekt nicht seinen Wert.

WERKSTOFFE Sammetblume (*Tagetes*)
Strohblume (*Helichrysum bracteatum*)
Storchschnabel (*Geranium*), Blüten und Blätter
Jungfer im Grünen (*Nigella damascena*)
Steinkraut (*Aurinia saxatilis*)
Sisalfasern

TECHNIK Ein großes, rundgeschnittenes Stück Maschendraht dient als Gerüst, das locker mit Sisalfasern überzogen wird. Blüten und Blätter werden mit kurzem Stiel in Sisal verankert und, wenn nötig, mit Draht fixiert. Verwendet werden ausschließlich sommerliche Werkstoffe, die auch im getrockneten Zustand ihre Leuchtkraft behalten und lediglich ihr Volumen einbüßen. Durch Übersprühen mit Wasser behält das Tischtuch länger sein frisches Aussehen.

FARBWIRKUNG Die kräftigen Grundfarben Rot, Gelb und Blau werden mit Farben zweiter Ordnung, hier Grün und Violett, kombiniert. Sie erlauben auch leichte Nuancen in diversen Nachbarschaftsfarben mit unterschiedlichen Helligkeitswerten. Grün und Weiß dienen als verbindendes Element.
Durch die fast aufdringlich wirkenden, klaren Farben mit großer Leuchtkraft scheint dieses Tischtuch weiter zu leben. Die explosiven Farben fordern, dass hingeschaut wird. Dies ist Sinn und Zweck des Dekorationsobjektes. Dezente Farbauswahl wäre harmonisch, zieht jedoch nicht so dominant Blicke auf sich – Farbe um aufzufallen!

Zackenvase

GESTALTUNG

WERKSTOFF

TECHNIK

FARBWIRKUNG

Die Eigenwilligkeit und Explosivität dieser Blütenform inspirierte zu der individuellen Gefäßform. Die zackige Vasenform greift die Beschaffenheit der Blüten wieder auf – expressiv in der Farbgestaltung und doch harmonisierend in der Endausgabe.

Bromelie

Ein großes Stück Maschendraht wird gleichmäßig kantig gefaltet und um ein simples, rundes, hohes Gefäß geklemmt. Die Enden werden mit Draht fixiert. Um eine glatte Oberfläche zu erhalten, wird die Konstruktion mit Papier dick überkleistert. Nach dem Trocknen werden die einzelnen Segmente farbig angemalt.

Ein mutiges Kombinieren verschiedenster warmer und kalter Farben schafft eine interessante, allseitig sich verändernde Farbwirkung. Gleiche Mengenverhältnisse wirken durch unterschiedliche Lichtwerte stark expressiv.

Kontrast

GESTALTUNG Eine schlichte, puristische Tischdekoration! Aussagekräftige Farben und Blütenformen stehen in Kontrast zueinander und vermitteln ein spätsommerliches Feeling. Die symmetrische Grundform beinhaltet vielerlei Früchte. So entsteht der Reiz, in das florale Gefäß hineinschauen zu wollen.

WERKSTOFFE Dahlien (*Dahlia x hortensis*)
Besenheide (*Calluna vulgaris*)
Früchte aller Art

TECHNIK Die Basis entsteht durch einen länglichen Untersetzer, in den einige Steckziegel hochkant geklemmt werden. Damit der feuchte Block nicht herausfällt, wird der Aufbau mit Floratape befestigt. Für den Grundkorpus werden angedrahtete Heidebüschel von unten symmetrisch und schuppenförmig auf- und ineinander gesteckt. Die Dahlien werden so angeordnet, dass zwischen Basis und Blüten Freiraum bleibt, um Früchte aller Art dazwischen zu platzieren. Die Früchte werden nur hineingelegt, so dass ein kompletter, fester Grundaufbau erforderlich wird.

FARBWIRKUNG Verwaschenes, helles Gelb lebt durch den Komplementärkontrast mit Rotviolett und einem starken Hell-Dunkel-Unterschied. Das Weißgelb wirkt aufgrund der dunklen Basis noch sonnendurchfluteter und strahlender. Interessante Akzente werden durch Orange, Grün und Rot gesetzt.

Pflanzkränze

GESTALTUNG Hier wird Pflanzengeschichte geschrieben mit vielen unterschiedlichen Kränzen. Auffällige Kränze, Blattkränze, gewickelte, gewundene und formierte Kränze laden Pflanzen ein, mit und zwischen ihnen zu verweilen. Trotz des symmetrischen Grundaufbaus der gestapelten Ringe entsteht eine sehr wuchshafte, natürliche Gestaltung, die unterschiedlichste Outdoor-Pflanzen aller Farbrichtungen vereint. Nichts fühlt sich eingezwängt, jede Pflanze steht in farblicher oder formaler Hinsicht in Kontakt mit anderen Pflanzen.

WERKSTOFFE
Flechten
Moos
Gräser
Heu
Schneeball (*Viburnum*), Beeren
Studentenblume (*Tagetes erecta*)
Silberblatt/Kreuzkraut (*Senecio cineraria*)
Fuchsie (*Fuchsia triphylla*)
Strohblume (*Helichrysum bracteatum*)

TECHNIK Für den Gefäßaufbau werden Strohrömer bewickelt, umwunden und beklebt. Es werden ausschließlich Werkstoffe verwendet, die witterungsbeständig sind. Die einzelnen Kränze werden mit Splitstäben in unterschiedlichen Abständen aufeinander gesteckt. Die Öffnung des untersten Kranzes wird mit einer „Kreuz-und-Quer-Stabtechnik" verstärkt und mit Moos abgedeckt. Im Inneren des Gefäßes werden zusätzlich Ranken und Zweige bis zu den obersten Ringen aufgefüllt. Sie dienen der Verankerung der eingesetzten Pflanzen. Eine Wasserversorgung wird durch regelmäßiges Bewässern der ganzen Pflanzung gewährleistet.

FARBWIRKUNG Neutrale Töne wie Grau und Grün dienen als Basisfarbe für konträre Rot-, Lachs-, Rosa- und Pinktöne. Verschiedene Oberflächen und Bewegungen verstärken hier durch asymmetrische Anordnung die Farb- und Formaussage. Dabei werden Quantitäts- und Hell-Dunkel-Kontraste bewusst eingesetzt, um eine Pflanzen-Erlebniswelt zu gestalten, die durch das Wachstum der Pflanzen ständig Aussage und Outfit verändert. Eine Prise Gelb lässt die Arbeit nicht zu harmonisch oder zu ermüdend fürs Auge wirken.

Blumenvasenbild

GESTALTUNG Die Leidenschaft, Florales, Farbe und Kunst für eine Wand miteinander zu verbinden, lässt den Gestalter andere Wege gehen. Ziel ist es, mit blumigen Bildern aufzufallen – sei es durch die Auswahl der Farben, der Materialien, durch Plastizität oder einfach durch puristisches Gestalten mit Blüten, um dem Prinzip „Less is more" zu folgen. Ein symmetrischer, quadratischer Grundaufbau ermöglicht die Aufteilung in unterschiedlich große Rechtecke, die zu Objekten der Blumeninszenierung werden. Die Lust am Experimentieren steht eindeutig im Vordergrund und gewisse Grundprinzipien der Gestaltung bleiben bewusst unbeachtet. Das kann ein Schritt sein, um freier zu werden und unbedarfter zu handeln. Doch erst das genaue Studieren der Regeln lässt es zu, Grundsätze auszuklammern, so dass sich neue Dimensionen eröffnen.

WERKSTOFFE Rosen, Dahlien, Kosmeen, kurz Blüten, die sich gerne solo zeigen

TECHNIK Eine Holzplatte wird in unterschiedlich große Rechtecke unterteilt. Diese werden mit einem Stift markiert. Um dem Bild eine neue Plastizität zu geben, werden einige Rechtecke sowohl optisch als auch räumlich aus dem Bild herausgerückt. Als technische Unterlage dienen hierzu Styroformplatten, die vor dem Aufkleben auf die Platte eine Öffnung erhalten, in die später ein Wasserröhrchen eingesetzt werden kann. Um den unterschiedlichen Materialien eine einheitliche Oberfläche zu geben, wird der Grundaufbau des Bildes mit einer dünnen Schicht Spachtelmasse überzogen. Nach dem Trocknen erhalten die einzelnen Rechtecke einen farbigen Anstrich.

FARBWIRKUNG Tonangebend sind bei diesem Bildobjekt die Grundfarben Gelb, Rot und Blau mit einer intensiven Leuchtkraft, ein Dreiklang, der vom Gestalter eigenwillig mit ungewöhnlichen Quantitäts- und Qualitätskontrasten ausgestattet wird. Orange intensiviert die Aussage von Rot und versucht damit die Leuchtkraft des Gelbs zu verringern. Die kräftigen, gesättigten Farben übernehmen den dominanten Part bei dieser Farbgestaltung. Grau neutralisiert und lässt zusammen mit den ungesättigten Farben ein Blütensolo in unterschiedlichsten Tönen zu – einfach ein buntes Bild oder Farbtheorien auf einem Quadratmeter verewigt?

Danksagung

Mein Dank gilt dem Verlag Eugen Ulmer und dem Verlag Stichting
Kunstboek für den interessanten Auftrag, meine Liebe für Farben
und Blumen in diesem Buch darstellen zu dürfen.
Besonderer Dank gilt Bart Van Leuven, der die Werkstücke fotografiert
hat, und dessen Perfektionismus und Gabe, 'floral' sehen zu können,
es möglich machte, jede Arbeit im passenden Licht erscheinen
zu lassen. Es war für mich eine Bereicherung, mit ihm zusammen
zu arbeiten.
Für die floristische Unterstützung danke ich besonders Sabine Bucher,
Jürgen Kling, Daniela Ebner und Alexandra Loos, die unermüdlich und
tatkräftig meine Ideen und Vorstellungen umgesetzt haben.
Außerdem danke ich Ralf, meiner Familie sowie Freunden und
Bekannten, besonders Nicole Steubing und Dr. Iris Berndt.
Iris Göbel, Tanja Bastian-Hartmann und Horst Lissberg danke ich
für ihre Mithilfe. Ohne sie hätte ich dieses Buch zeitlich und
organisatorisch nicht realisieren können.

Die Autorin

Annette Kamping

1984 Floristausbildung in Emsbüren/Kreis Emsland

Lehr- und Wanderjahre in verschiedenen Betrieben

1990 Meisterprüfung

seit 1994 selbstständig, verschiedene Ausstellungen, Wettkämpfe, Buchbeiträge

1994 Deutsche Meisterin, Gewinnerin der Goldenen Rose

1995 Vizeeuropameisterin

Seminare, Fachvorträge, Demonstrationen im In- und Ausland

Juni 2001 Eröffnung des 'BLUMENWERK', Internationale Schule für Gestaltung und Handwerk in Herborn.

Impressum

Autorin
Annette Kamping
BLUMENWERK, Hohe Straße 700, Gebäude 10, 35745 Herborn
Tel.: +49 (0) 27 72 - 92 10 51, Fax : +49 (0) 27 72 - 92 10 52

Fotografie
Bart Van Leuven, Gent (B)
Isabelle Persyn, (B)

Layout und Reprografie
Graphic Group Van Damme bvba, Oostkamp (B)

Druck
Graphic Group Van Damme bvba, Oostkamp (B)

Bindung
N.V. Scheerders-Van Kerchove, Sint-Niklaas (B)

Herausgeber
Stichting Kunstboek
Legeweg 165
B-8020 Oostkamp
Tel. +32 (0) 50 - 46 19 10
Fax +32 (0) 50 - 46 19 18
E-Mail: stichting.kunstboek@ggvd.com
Internet: www.stichtingkunstboek.com

Das Werk einschließlich aller seiner Teile ist urheberrechtlich geschützt. Jede Verwertung außerhalb der engen Grenzen des Urheberrechtsgesetzes ist ohne Zustimmung des Verlages unzulässig und strafbar. Das gilt insbesondere für Vervielfältigungen, Übersetzungen, Mikroverfilmungen und die Einspeicherung und Verarbeitung in elektronischen Systemen.

Die Deutsche Bibliothek - CIP-Einheitsaufnahme
Ein Titeldatensatz für diese Publikation ist bei Der Deutschen Bibliothek erhältlich.

© Stichting Kunstboek, Oostkamp 2001
© Deutsche Lizenzausgabe 2001 Verlag Eugen Ulmer GmbH & Co.
Wollgrasweg 41, 70599 Stuttgart (Hohenheim)
E-Mail: info@ulmer.de
Internet: www.ulmer.de
Titel der belgischen Ausgabe: Annette Kamping, Colours – Kleurrijk bloemschikken
Lektorat: Ruth Barlage, Carola Hils
Titelfoto: Bart Van Leuven

ISBN 3-8001-3274-5